成為父母
BECOMING A PARENT

Ralph LaRossa 著

張惠芬 譯

郭靜晃 主編

Becoming A Parent

Ralph LaRossa

ISBN : 957-8446-40-3

Printed in Taiwan, Republic of China

Chinese edition copyright © 1998
by Yang-Chih Book Co.,Ltd.
for sales in worldwide.

SAGE PUBLICATIONS
The Publishers of Professional Social Science
Beverly Hills   London   New Delhi

Becoming a Person

Shifting Contexts

Copyright © 1995
Sage Publications, Inc.

ALL RIGHTS RESERVED

No part of this book may be reproduced or utilized in any form or by any means, electronic or mechanical, including photocopying, recording, or by any information storage and retrieval system, without permission in writing from the publisher.

ISBN 957-8446-40-3

Printed in Taiwan, Republic of China

Library of Congress Cataloging-in-Publication Data

SAGE PUBLICATIONS
The Publishers of Professional Social Science
Newbury Park London New Delhi

off

郭　序

　　家庭是孕育人類生存與發展的溫床，亦是教育與養護兒童的最重要熔爐。臺灣地區近幾年來的社會變遷十分快速，例如經濟與社會的發展，這些快速的社會變遷，導致社會與家庭在結構層面、功能與內涵皆衍生相當大的變化，家庭的任何變動，都將對家庭的成員，尤其是依附家庭的兒童與老年，產生鉅大的影響。

　　今日臺灣家庭人口一直在縮減中，核心家庭也成為我國最主要的家庭結構，平均家庭所生兒童人口數為1.7，婦女出外就業大約占45％，造成雙生涯家庭；婦女平權主義升起、教育普及、工作機會的獲得與經濟獨立，使得女性較勇於對不滿意的婚姻訴求離婚，單親家庭因此而增多；此外我國社會步入高齡化，老年的社會安全保障和其它社會適應措施等，需求日益急迫，諸此種種皆指出未來家庭的組成將面臨一些挑戰：家庭經濟，婚姻調適與自身安全保障，兒童、老人照顧與青少年行為偏差等問題。這些問題的主要根源在於家庭，無異乎，家庭一直是社會的最大

支柱。家庭變遷是不可避免的趨勢，人在社會變遷中產生許多多元的價值、各種不同形色的家庭共存於社會，由於這些不同背景的家庭持有不同的態度、行爲與價值，因此藉著婚姻的結合，個人本身必須調適個人的行爲與價值，才能維持家庭成員的和諧關係及家庭功能順利發揮，如此一來，家庭及個人的需求得以滿足並臻至幸福。

　　家庭一直是我們最熟悉的場所，而且是花最多時間在此生長、孕育、發展的窩或舒解情感、避免人生衝突、挫折的避風港。而社會變遷的洪流導致傳統的家庭產生變化，這些變化是好或壞，是強或弱，則一直是見人見智的說法。但值得肯定的是，人類必須要重新面對這新的家庭觀念以及社會變遷下的家庭衝擊。這一切意謂現代人必須再一次學習家庭的意義、功能以及價值。

　　在學習的過程最需要有一套參考用書，可喜的是，Sage Publishing Company出版一套家庭系列叢書，此叢書專門探討與家庭相關的研究主題，是研修生活科學、生活應用科學、家庭關係、心理學、社會學、社會工作、諮商輔導及對家庭領域相關科系的學生修習家庭相關課題參考用書，此叢書含蓋的主題有家庭理論架構設計、家庭研究方法、家庭歷史、跨文化家庭比較及家庭生命週期分析；其相關的傳統主題，如約會、擇偶、爲人父母、離婚、再婚、家庭權威；此外，也包含最近家庭熱門的主題，如家庭暴力、老人與家庭、及爲人父母、不同家庭型態以及青少年性行爲等。

‖ 郭 序 ‖

　　藉由這些叢書，我們可以看到美國當前社會與家庭的
變遷以及社會變遷所衍生的家庭問題，這些對於臺灣學習
家庭相關主題上是個很好的參考與啓示，更能呼籲「他山
之石，可以攻錯」，所以讀者在研讀這些書籍時，可以將
臺灣的經驗加以整合，使其成爲合乎本土現況的家庭叢
書，並作爲預測未來台灣家庭可能轉變的趨勢，以作爲問
題尙未發生時的預防策略。

　　此系列家庭叢書每一本皆是匯集美國社會現況所出版
的專集，在國內卻因文字的障礙而不能廣爲推薦給國內有
興趣的讀者，實爲國內推廣家庭服務的一大遺憾。現今，
此套叢書版權已由揚智文化事業股份有限公司獲得，並由
國內學有專精的人來負責此套叢書的翻譯工作，希望此套
叢書的出版，能爲國人修習有關家庭課程提供一套參考用
書，更冀望此套叢書能帶給國內實際推展家庭服務的實務
工作人員提供一些觀念的參考，願此套書能造福全天下的
家庭，祝你們家庭幸福，快樂美滿。

郭靜晃

譯　序

　　在家庭研究領域中，婚姻、父母角色、工作都是探討的重點項目。但是在社會快速的變遷下，家庭人口縮減，核心家庭、雙生涯家庭為現今主要家庭結構；女權主義升起，打破傳統兩性的刻板角色，也使得兩性在為人父母及工作職場方面的角色必須重新分配。

　　本人很榮幸在Sage Publishing Company出版一系列的家庭叢書中翻譯Ralph LaRossa的著作*Becoming A Parent*。作者針對家庭進行多年的研究，以豐富的研究結果作為本書引證的依據，並以深入淺出的寫作方式，清楚地告知讀者作者所持的觀點。這本書中，對於現今家庭中兩性角色的轉變有極大篇幅的探討，可以讓現代人重新界定在家庭中的定位，掙脫傳統角色的迷思與牽絆，學習新的角色職責，讓家庭的功能能再次發揮。

　　謝謝揚智出版社葉先生及中國文化大學青少年兒童福利學系郭靜晃教授給予我這次學習的機會，讓我在翻譯的過程中受益匪淺；也謝謝孟玫及惠君姐的協助謄稿，使得

翻譯可以順利完成。

　　誠摯希望這幾本書可以引導大家對於家庭重新省思，
以使各位能經營幸福美滿的家庭。

　　　　　　　　　　　　　　　　　　　　張惠芬
　　　　　　　　　　　　　　　　　　　　謹誌

目錄

郭序／1

譯序／1

第一章

關於成爲父母／1

成爲父母的社會現實／2

父母角色的社會結構／4

歷史及父母角色／13

生物學及父母角色／15

結論／19

問題討論／20

建議作業／21

註解／21

第二章

生產率及做生產的決定／23

在美國的生產率／24

生產的抉擇／33

結論／43

問題討論／44

建議作業／45

註解／45

第三章
懷孕／47
生理及社會懷孕間的關聯／47

準媽媽們／51

準爸爸們／61

懷孕和婚姻／63

結論／74

問題討論／75

建議作業／75

註解／76

第四章
生產／77
孕婦保健的歷史及政策／78

生產過程的步驟／95

剖腹生產手術／106

結論／111

問題討論／112

建議作業／112

目　錄

註解／113

第五章
嬰兒照護／115
嬰兒照護的性質／116

嬰兒不盡相同／123

父母的承諾／132

父親相對於母親／144

結論／157

問題討論／158

建議作業／159

註解／160

參考文獻／161

第一章
關於成為父母

　　一月份我的兒子，Brian將慶祝他的生日；一個月後他的弟弟，Adam也將慶祝他的生日。人們為什麼要紀念他們出生的日子，這是不難瞭解的。以有關存在的程度來說，只有死與生的對抗具有其意義。但是如同生日對Brian及Adam如此重要而言（現在或許他們將會收到什麼禮物的這件事比任何事對他們都重要），事情本身並不是什麼他們會記得的事，因為他們將來可能記得那一天他們得到他們第一輛腳踏車或記得那一天他們開始上高中。當然，他們曾經，或將會被告之他們何時來到這世界，但告之在出生那天發生了什麼事和其個人親身經歷其事則是完全不同的兩回事。

　　有兩個人在兩個男孩出生的同時在場，而且將來一定會在這兩天有所回憶的是我自己及我的妻子——Maureen。兒子的生日對我們而言是值得記憶的，因為他們是我們成為父母的週年紀念。

　　就是這樣的情境帶我進入本書的重點。在接下來的頁

數裡，我將提及的不是出生是怎麼回事而是生產是怎麼回事。換句話說，我想談的不是成為一個人有何意義，而是成為父母有何意義。

成為父母曾被描述為「一種明顯的矛盾」（a set of apparent contradictions）（Hoffman and Manis, 1978：211）。一方面來說，有了孩子是極大的滿足，在另一方面來說，成為父母涉及很多工作，而且可能是大量生理上及心理上挫折和痛苦的來源。就我自己本身而言，Adam和Brian是發生在我身上最美好的兩件事。但是，照顧他們——而且試著把這件事做「對」——則是我所碰到最困難的事情。因此，以某方面來說，這本書是我的故事；而且，因為大多數的人終究會成為父母，所以它也可能是（或將是）你們的故事。

成為父母的社會現實

人類，以本質而言，是生存於一個社會的及自然的宇宙，在很多方面來說，是圍繞社會本質的產物，也同樣是其中的一部分。以社會的現實來說，我所指的是「一個有文化宗旨及社會制度的世界——我們出生於此，並找尋到自己的方向以及我們所必須面對、接受的地方」。（Schutz, 1971：53）。尤其是指社會的目標、價值、信念及規範，以及由人際關係的模式所發展及強化的這些目

標、價值、信念及規範。

　　當一隻狗或貓或任何其它動物爲了生產而生產，牠基本上就已經和其後代有了生理上的關聯，而且很本能地會想盡辦法去照顧牠的後代。相較之下，當人類生產，父母與孩子的社會關係遠勝過生理上的關聯，而這孩子如何被照顧則是個親子所存在的「一個有文化宗旨及社會制度的世界」功能的運作。

　　而且，人類之身爲父母並非始於生產當時，也非肇端於懷孕時期，而是在一個人決定要有個孩子的那一刻。理由很簡單：因爲在人類來說，轉變爲父母的身分常被視爲一種嚴肅的社會行爲，（在我們所熟知的社會裡，生產及身爲父母總被人們賦予極高的尊重及冠以誇示炫耀）。而轉變爲父母的決定也被認爲是在行使自己的權利上具有意義的一步。

　　最後，因爲和有孩子而息息相關的目標、價值、信念及規範，將使成爲父母的人感受到他們會被所碰到的每個人以不同的方式對待。父母也對他們的感受完全不同，而且，他們在行動上的表現也有不同於他們尚未成爲父母時的行爲。因此，轉變至父母身分也是一種新的社會關係的轉變，相對地，是一種新關係的聯結。

父母角色的社會結構

　　沒有其他的理論問題比「具有意義的個人活動成就了歷史及社會，同樣地，個人的行爲也受社會與歷史的影響」這個主題更能吸引社會學家去解釋其可能性 (Abrams, 1982：xiii) ❶。換句話說，一個人不可能否認由人們所制定的基準、價值，信念及其它同樣的東西；同時，一個人也不能否認就是這些東西而使人之所以爲人類。

　　我們所創造的世界是如何運轉，而這個世界又如何創造我們？這個問題常是討論社會現實的核心問題，不論其爲國際關係的社會現實，約會及求愛的社會現實，或者──和此書相關的──父母關係的社會現實。由於它適用於父母身分，回答此問題就需要由三個緊密相扣的原則來瞭解。

　　原則一是父母角色是一種社會制度。原則二是父母的舉止是一種社會化及內化的產物。原則三是父母角色的社會制度是一種人類結構 (Berger and Luckmann, 1966) 。

原則一：父母角色是一種社會的制度

　　《牛津英文字典》 (*The Oxford English Dictionary*) 定義父母身分爲「一個父母的狀態或地位」 (1970:

475）。然而此種定義只是部分正確，因爲除了社會狀態外，父母角色也是一種社會的制度。

正常來說，當人們想到制度時，他們會想到官僚制度，例如醫院及大學。但是，從社會學的觀點來看，一種制度是指一套促進基本的社會目標及需求的制度（參考Eshleman and Cashion, 1985）。因此，以某種層面來說，父母角色是一種包含價值、信仰、規範及行爲擧止的混合體，而且以兩個非常重要的需求爲中心——生產的需求（假設人們希望他們的社會仍有未來）以及照料年輕一代的需求。

每一個制度都有四個特質：外在性（externality），不透明性（opaqueness），強制性（coerciveness），以及合法性（legitimacy）（Berger and Berger, 1972）❷。如果父母角色是一種社會制度，它也必定會展現這些特質，所以讓我們看看父母角色是否具有這些特質。

外在性（externality）：社會制度根據經驗而知人們的外在實體，它們就像是一些早就已經存在那兒的事物，「環繞或超越我們之上」。這似乎就是社會如何看待父母的角色。然而，再考慮字典中對父母角色定義爲「一個父母的狀態或地位」的事實，就會發現此定義的最大意義是它清楚地把父母角色的事實和稱其本身爲父母的人們二者區分開來。父母角色是一種狀態或地位而非父母本身。而且，如果我們按照字典的邏輯來看，我們會認爲父母角色是一種父母或不是父母的人都可能經歷過的事實。換句話說，

即使願意或能夠成為父母的人都可能經歷父母的身分，並以某種意義來說，他們也可以談論及評估父母的身分。

不透明性（opaqueness）：社會制度根據經驗可知父的角色亦為不透明的實體。也就是說某些事物是較難理解的。因此，社會制度依經驗而得知它是必須花精力去瞭解的實體。

一個人只需去書店看看就可發現，基本上父母角色被認為是一個真正的黑盒子。每年都出版了很多書聲稱要揭開父母角色的神秘，但是卻鮮有足夠的證據證明這一個方法比下一個方法更好。事實上出版業只是給了父母們他們所急於想要的東西：答案。而且在這個過程中還因此而大大賺錢。Benjamin Spock出版解疑的書《嬰兒及孩子的照護》（*Baby and Child Care*），西元一九四五年首次出版，至今已達第五版本，賣了三千萬本，而且其賣勢還不斷增強（Leo and Kalb, 1985），這就是一個例子。

強制性（coerciveness）：社會制度的第三個特質則是它們有強制的力量，也就是說，人們經常會感受到他們被迫去遵守制度的規定。最具代表性的是，此種被迫的無力感存在於人們的心靈深處，直到他們想要去改變，然後他們才會發覺這是種像監獄的制度加諸在自己身上。舉例來說，假設有孩子是個人選擇的問題，而且只要你選擇至少要有兩個孩子，你可能就不會懷疑此假設。但是假如你決定不要有孩子或只要一個孩子，你就會立刻意識到環繞在你周圍的產後（生產後）壓力。

在西元一九七〇年初期，一名叫Ellen Peck的女人深信產後壓力是很強烈而且也很有攻擊性，所以，她寫了一本有關本身經驗的書（書名叫《嬰兒陷阱》（*The Baby Trap*），而且她還協助成立一個致力於提倡選擇不要有孩子的組織（非父母的國家組織，現在叫做選擇性的父母角色的國家聯盟（the National Alliance for Optional Parenthood））。稍後，她又寫了另一本書〔書名爲《獨子的喜悅》（*The Joy of the Only Child*）〕，在書中她討論到有獨生子的家庭如何易受差別待遇。

自從Peck選擇發抒其牢騷，她在態度上當然會有所改變。而且，可能也因爲她決定要堅定其立場，而使選擇成爲非父母角色或在有一個孩子之後即停止生產，變得更爲人們所接受。但是，有兩個或更多孩子的家庭在這個國家仍被視爲是一個基準，所以當人們偏離那個規範時，似乎會比較容易感受到環境有要人遵循規範的壓力（Hawke and Knox, 1977; Veevers, 1980）。

還有的就是，父母角色制度的強制力量不需給予父母一定要有2個孩子的壓力。而在美國正好是這樣的情形。舉例來說，中國是最近制定一個一對夫妻一個孩子的「一胎化」政策（one-couple-one-child policy）（Huang, 1982），有時必需要求女人出示其衛生棉以表示她未懷孕。而且，在有了一個孩子之後，若再度受孕必須去墮胎（Henslin, 1985）。而更甚的是，因爲中國重男輕女的觀念非常強烈，而使成千上萬的女嬰被他們自己的家人所謀

殺，以「預留空間」 (make room) 給兒子們 (Light,
1985) 。

　　合法性 (legitimacy) ：最後，社會制度有其合法性。人
們總覺得制度加諸其身的壓力是道德的、是好的、是對的，
以及諸如此類。相對地人們也會認爲別人偏離此標準就是
不道德的、壞的、錯的及諸如此類。

　　少有其他的制度比父母角色更具有合法性。事實上，
有很多主要的宗教，把父母角色詮釋爲是一種神聖的責
任。而且在這個社會裡，成爲父母的大多數人也都會被視
爲具有性能力、心智靈活，而且在社交上是成熟的象徵
(Veevers, 1973) 。這一來就不難瞭解傳統以來，爲什麼
人們選擇不要有孩子或不能有孩子時，會被世人所取笑或
排斥了。

原則二：父母的行爲舉止是社會化及內化的產物

　　將父母角色身分的社會制度和父母個體 (及非父母
(nonparents)) 結合需要以二個層次來加以分析。社會
制度，例如，父母角色，是鉅視的 (macro) (大範圍的)
現象，而個人的行爲舉止則爲微視的 (micro) (小範圍
的) 現象。

　　居於兩個層次的連接之處就是所謂的角色 (role) 。
角色是分享和社會地位相關的規範 (一般大衆所認定可做
與不可做的原則) 。因此，和父親地位相關所分享的規範
就制定了父親的角色，而和母親地位相關所分享的規範就

制定了母親的角色。

　　成為父母大部分是被教導去扮演各種父母的角色所致，不但是父親或母親的角色，而且是視不同的情形，而扮演著即將為人父母的角色，新的父母的角色，全職父母的角色，就業父母的角色，以及更多的角色。這些角色所賴以學習的過程就是眾所周知的社會化（socialization）。

　　每一個角色都和社會制度緊密的結合。舉例來說，剛才提過的父母的角色就是和父母角色的制度及家庭的制度相結合。因此，當人們社會化去扮演任何一種父母的角色，他們開始感受到父母角色的制度其影響力已融入他們的個人生活。事實上，此影響效果遠較「社會化」字面上所代表的更顯著，因為我們不是只學習角色，我們「內化」（internalize）此角色。我們融入我們所扮演的角色到如此的程度，以致於我們感受我們是何許人（我們的辨別力）及我們感受何者是對與錯（我們的良知），而這些行為可說是我們角色扮演活動的產物。因此，一位有了孩子的美國女人可能不僅要在這社會上表現一種身為母親所應該有的行為舉止（也就是說，她表現的一如這社會希望別人在她的地位時必須去做的），也要把她自己本身及她的世界都轉變形態。

　　父母的社會化及內化開始於人生的早期。當你還是一個小孩子時，你玩辦家家酒時，可能這遊戲本身就已照著相當傳統的路線所架構而成，像是由男孩扮演父親，而女

孩扮演母親。如果你有小弟弟或小妹妹，你也會有機會扮演代理父母親的角色——餵食、清理及當父母外出不在家時，監督年幼的弟妹。身為一個青少年，你也可能曾經應請求而充當褓姆，再次被置於一個「充當」父母的地位。這些全都是準備期的社會化經驗，使其能有個人的決定成為他或她想成為的一種父母（或非父母）的氣質。

就如同孩子的社會化般深具意義的是，不論如何它都是我們唯一的社會化經驗，而且不論如何它都足以令人瞭解如何及為何人們會如此表現。直至長大成人，我們都是沈浸於父母角色的制度以及被灌輸各種父母角色的意義，或是什麼是合宜與什麼不合宜的父母行為的訊息。

父母角色「屬於」女人的想法，舉例來說，是一種遠自我們停止玩家家酒時就不斷接收到的訊息。我記得接到西元一九七九年父親節出刊的《美國的嬰兒》（*American Baby*）（一種為即將或剛成為父母並為大家免費解答的雜誌）是在我兒子Adam約五個月大時。雖然父親應該是這次特別出刊的「注意焦點」，但在此雜誌中卻鮮有廣告描述男人身為父親。同時，此雜誌有一固定的專欄，名為〈母親及嬰兒的商場〉（*Mart for Mothers and Baby*），描述各式各樣的嬰兒產品，理論性而言，這專欄至少還令父親和母親都感到有興趣。（此版本確實有一篇關於嬰兒用品的文章，在一些被抽樣到的父親們皆明顯的表示同意）。此份父親節的特刊就如同我們以前所收到的，是署名給Mrs. R. LaRossa。雖然是出自好意（根據

此雜誌的編輯，「分擔養育孩子的責任就是今日所謂的父親的身分」），此版的《美國的嬰兒》（*American Baby*）更加強了一個信念，就是一旦論及照顧孩子，男人就是次等國民。而且以某個程度來說，人們都會受其所讀刊物的影響，《美國的嬰兒》就在父母身分的社會化上佔著重要的份量。

雖然雜誌、報紙、電視及類似的媒體都是公眾意見對於父母角色傳達其意義的利器，但大部分成人和父母角色相關的社會化經驗卻發生在面對面的接觸。女人總是被其父母告誡她們因持續在外工作而忽視孩子，而男人也被其上司告誡如果他們把週末定義為家庭日子而非公司的日子，將會危害到他們的工作。這些經驗，同樣地有把成人社會化而成此社會上父母身分的「模式」。

原則三：父母的角色是一種人類結構

有些人認為父母角色的制度是由非人類的力量（例如，自然）為我們而創造，而且個人的行動只是制度其本身的產物。但是事實上，父母角色的制度和父母的行為舉止是相互關聯。父母的角色塑造了我們，相對地，我們也塑造了一種父母角色。

社會結構的過程又是如何運作的呢？其關鍵在於溝通，包括口頭的及非口頭的溝通。舉例來說，當一位祖父或祖母告訴他們的女兒，以他們的觀點來看，她已因為就業而忽視她的兒子（他們的孫子），這時祖父母不僅是在

教導他們的女兒一些事情，他們也在提昇一個母親在家庭中的地位。如果因爲他們所說（社會壓力），使女兒因此而辭去工作並向所有關心的人（她的父母、兒子、先生、上司、朋友，以及其他更多人）表明她認爲確實疏忽了她的孩子，這同時也會提昇了一位母親在家庭中的地位的意念。如果在許多的家庭中都有此種溝通的結果發生，則一個女人在家庭中地位的概念，就有很好的機會成爲構成父母角色的社會制度重要的因素。

然而，假設那女兒否定她父母的論點，例如她說她想繼續工作，因爲她的工作使她快樂；而且她認爲她會因爲工作快樂而成爲一個較好的母親。並且假設這位女兒非常信守此觀點，使得她變成職業母親的擁護者，致力於讚頌將事業及母親的身分結合。在這種情形下，她就無法提昇一個女人在家裡的地位；如果有的話，她也是提昇與其相反地的地位。現在假設有顯著比例的女人都有感受，也表現這種相同的行動方式，你認爲會發生什麼事？父母角色的社會制度就會轉變形態。

你或許知道也或許還不知道，其實此種形態轉變已經發生了。然而在西元九〇年代初期，典型地來說，母親在外任職被認爲是不可接受的，但在今日有超過百分之六十的美國女性離家在外工作，這種情形變成女人工作如果不能完全被接受，但至少還可以忍受。而且對很多職業婦女而言，工作對家庭而言不僅僅是忍受而是擁護。

順便一提的是，不是每個人都在制度結構的過程中擁

有平等的發言機會。如果你有興趣改變父母角色的社會結構（或有興趣維持現狀），擁有顯著多數贊同你的人以及擁有許多顯赫的人（就是有權力的人）為你發言，這是很有幫助的。換句話說，支持制度實體的溝通架構和權力結構，不論是從廣義的或狹義的層次來看，都是很緊密的相結合，這也就是為什麼社會學家經常描述制度結構過程是一種政治遊戲，在其中許多利益團體〔舉例來說，民主黨（Democrats），共和黨（Republicans），女性主義者（feminists），道德團體（the Moral Majority）〕互相競爭，希望他們的意見或主張能成為主流的一部分。

歷史及父母角色

父母角色是一種社會制度。父母的行為舉止是社會化及內化的產物。父母角色是一種人類結構。雖然以文法及分析來討論一個原則，再另一個，再第三個，但以經驗來說，這三者是不可能被區分來討論的（前段所提之原則）。身為社會制度的父母角色，其依存於人類的活動，尤其是溝通。父母的行為舉止，至少存在於人類中，還是需要一個父母的制度。而且制度結構的過程是社會化及內化的過程結合。

強調我們正在討論一個發生超越時間之上的過程是很重要的。如果你回憶，理論性的主題，似乎遠超過其他的

主題，更能引起社會學家的興趣。而且此主題引導優先地
討論父母角色的社會結構問題，我們可以討論社會和歷史
如何和個人的活動相關聯。因此，在第一時期的父母角色
的制度會影響在第二時期的父母的社會化及內化，同樣
地，也影響了第三時期父母角色的人類結構。

　　我實在必須再次充分強調，絕對不能忽視歷史的觀
點；事實上，歷史的觀點不僅在父母角色的社會結構的研
究中不可或缺，也是任何事物其社會結構的研究中所必需
的。

> 社會活動不但是某些我們選擇去做，也是某些我們
> 必須去從事的事物。社會的一體兩面是不可分開地，
> 而且也和進一步的事實緊繫在一起，不論社會擁有
> 什麼實體，它是一個歷史的實體，及時的實體。當我
> 們談及社會的兩面，我們指活動，及時轉變成制度的
> 方法以及相對地制度也轉變成為活動。就這兩方面
> 來說，社會的世界也是歷史性的 (Abrams, 1982：
> 2-3)。

　　應該注意是「以歷史的角度」，我並非專指鉅視角
度。當然，對大範圍需歷時數十年而發展的形態轉變有敏
感力是很重要的〔舉例來說，工業革命 (the Industrial
Revolution)〕，但是這些並非是社會制度過程扮演角色
唯一的轉變，在短期內顯現出來的微視的轉變也同樣是很
重要的。

歷史、結構及活動的相互影響,是某種只發生在整個
社會或文明的主要階段。它也同樣發生在監獄、工廠
及學校、家庭、公司及朋友之間。如果以此種術語來
說,任何存在於時間的關係都是歷史;以最嚴格的
說法來說,「活動」也可賦予歷史性觀點來看待。因
為它也是一個歷史。兒童的狀態也是成長的過程;
而生病的情況也是被治療及痊癒的過程。即使以小
範圍的社會標準而精研出社會的過程、蛻變的社會
學,仍是社會學家發現結構及活動的真正關係,以及
活動的條件式結構與結構上的活動效果的最佳途徑
(Abrams , 1982 : 6-7) 。

因此,成為父母具有何種意義的研究,比研究有孩子
及養育孩子的形成經驗等鉅視事件更具有其意義;這也是
個微視事件的研究——尤其是每日成為父母的動力如何形
成,以及繼續形成父母身分的社會實體。

生物學及父母角色

到目前為止,我在討論成為父母時尚未提及兩個重要
的議題:(1)就目前的父母角色是以男人及女人生理構造的
不同為本,而經生產過程緊密相結合 (生物科技的進步實
質上可改變嬰兒製造的過程) ;而且(2)有一個性別議題,

部分地解釋了為什麼女人幾乎總是要負主要的照顧嬰兒的
責任（也就是把男人和女人分成不同的形態及心態的形
體）。

　　就第一個議題而言，只有女人在生理上可以懷孕的事
實導致準父親及準母親們不同心理社會學的經驗。舉一個
例子來說，準媽媽就比準爸爸更常想起胎兒，想知道他是
如何發展以及諸如此類的想法（Stainton, 1985）。當然，
這也不足為奇；畢竟，胎兒是在母親的體內成長而非父親
體內。我並非否認社會因素也是造成男人和女人對懷孕體
驗的不同，我只是注意到，當論及生物學的實例，例如懷
孕及生產，生物學及社會學的因素都該列入考慮。

　　第二個議題——性別可能會在照顧嬰兒的事件上區分
扮演部分角色——目前這是複雜而且非常有爭議性的。有
些學者認為：根據生物學地性別差異——特別是在染色
體、荷爾蒙以及神經上的男女有別，是造成嬰兒在質或量
上像父親或像母親差異的原因。

　　你可能認為生物學家一定是唯一擁護此觀點的人，但
是，事實上目前領先贊同此理論的是社會學家。Alice
Rossi，曾任美國社會學協會的會長，她認為社會科學家拒
絕整合生物學及社會學這種行為犯了嚴重的錯誤（參考
Rossi, 1977, 1984）。

　　Rossi有下列的觀點：長久以來，社會科學家都認為生
物學的因素簡直是不重要而且不值得去討論。但是並非所
有的社會科學家都同樣地對生物學的影響視而不見。人類

學家及心理學家從未將生理解剖學及生理學排除於他們相關的訓練外（因此，有生理人類學及生理心理學的課程及教科書的存在）。這大部分是Rossi對學院派社會學家的談話（也就是社會學博士）而且這些社會學者似乎對Rossi所說的事感到很困擾。

　　Rossi到底說了什麼呢？基本上，她提出母親們肩負照顧嬰兒主要責任的一個原因是「生物學的傾向」使女人「較容易」照顧嬰兒。舉例來說，她在美國社會學協會（ASA）的會長致詞中提出論點如下：

　　假設是一種合成物，女人有一些特質成份使女人對人及聲音較有回應，像是在接收、詮釋及回覆溝通上的優勢。而男人則具有較好的空間概念及生物上的操作，使男人在體能上佔優勢。女性，結合了對聲音、面容及周邊資訊的快速作業的敏銳力，也意味著一種對情緒的細微差異的判斷———一種很低調的說法，當這些能力一旦被冠以「女性的直覺」（female intuition）的標籤。從女人們的言語中就很容易發現情緒及其表達的關聯性了。空間的感受力、好的大肌肉動作能力的控制、視覺的敏銳，一個介於情緒及認知的回應力，則結合成另一半屬於男人的概述。當這些性別的差異與照顧一個不會言語表達的脆弱嬰兒有關聯時，女人就顯現出較易解讀嬰兒臉上表情，舒緩嬰兒的身體的動作，並以輕鬆溫柔的觸覺或透過

一種高度溫柔有節奏的動作或聲音安撫小生物的特
質。相反地，男人就傾向於較易於和大孩子的互動，
和大孩子玩狂野嬉鬧的體能遊戲，身體動作的協調，
教導物體的協調是比較容易也比較符合其所好的
(Rossi, 1984：13)。

Rossi繼續說，她所描述的特質是「一般的傾向」，有
可能經由性別差異的社會化的實行而「誇張」或「顛
倒」。因此，特質並非「跨個人或文化，就生物學角度而
言，它是免疫的或不變的」 (Rossi, 1984：13)。

事實上，Rossi認爲生物學的傾向是可修正的，此論點
是深具意義的。Rossi並非爭論生物學及社會學的因素是互
相競爭；她並非要挑起自然與養育（或遺傳與環境）的辯
論。然而，她是在說明生物學及社會學因素二者之間相互
的影響。

生物學的過程是在一個文化的背景下表露，而其本
身是柔順的，並非穩定而且不可避免。同樣地，文化
的過程透過生物學的組織體而發生；它們並非發生
於一個生物學的眞空裡 (Rossi; 1984：10)。

Rossi將如此多重要性歸功於性別二形，究竟是正確或
是不正確，直至目前仍爲大衆所質疑，且有待商榷（舉例
來說，可參考Gross , 1979; Altman, 1984的著作）。而我
就是其中之一，正好認爲她所指出的證據不足以支持她個

人的觀點，而且她並未提到在嬰兒照顧的過程中權力及經
濟這二者所扮演的角色。但無論如何，我真的認爲當論及
對父母角色的瞭解時，我們無可避免地應想辦法去結合生
物學及社會學的因素。Rossi可能因其熱心過度強調的將
「生物學帶進來」，「但是她至少提供了一個正確的方
向」。

　　雖然父母角色的生物社會學的觀點並不會出現在她的
著作中——如此做必須要對人類生理學、解剖學及人種學
證明的批判觀點做一廣泛的討論——而社會學及生物學因
素間的互動也是不可忽視的。舉例來說，懷孕及生產的生
物學是在一個以社會爲背景下而討論的主題，而生產的社
會事實將和產痛、分娩及產出的身體的步驟相結合。基本
上，這是一本以社會學爲主要觀點來討論「成爲父母」，
也因此，討論重點一方面是針對社會以及另一方面是其想
法、感覺，以及未來的行動及新的父母之間的歷史關係。

結論

　　這本家庭研究書籍的宗旨是在描述成爲父母所具的意
義，以人們如何決定要有一個孩子的討論爲始，並以他們
孩子生活的前十二個期間內所發生的事情的討論爲末。

　　本書的主題是強調，除了是一個生物學的過程外，成
爲父母也是一個社會行爲。因此，我將盡力說明父母角色

的社會制度是如何塑造即將成為父母及新父母的言行；且
反過來說，即將成為父母及新父母的言行又是如何地形成
父母角色的社會制度。我建議，讀了這本書，這一章所介
紹的三個原則應謹記在心：也就是說，(1)父母角色是一種
社會制度。(2)父母的行為舉止是社會化及內化的產物。以
及(3)父母是一種社會結構。同樣的，試著不要忽視這三個
原則是存在於歷史的背景的事實，它們是以鉅視的及微視
的層次而代表一個過程的三個階段，超越時空而發生。

問題討論

1. 父母角色是如何成為社會制度？而於每一制度賦
   予形體的四大特質（外在性，不透明性，強制性，
   以及合法性），又是如何在父母角色的社會制度中
   表露出來？
2. 父母的行為舉止是如何為孩子社會化及內化的產
   物？它又如何為成人社會化及內化的產物？
3. 權威及溝通在父母角色的社會制度的構成上佔了什
   麼份量？
4. 為什麼歷史的角度對成為父母的研究而言是必要
   的？
5. 為什麼生物學的角度對成為父母的研究而言是必要
   的？

建議作業

1. 挑選四個人——一位父親，一位母親，一位沒有孩子的男性，以及一位沒有孩子的女性——並且問他們對於「在美國的父母角色」的看法。
2. 找六篇報紙或雜誌有關成為父母（就是有關懷孕、生產以及諸如此類的文章）的文章，並區分出以明喻或暗喻手法所傳達關於有孩子的「合適的」方法。
3. 回顧自己的生活並試著決定以你的社會化的經驗——有孩子的及成人的——對於父母身分的態度。

註解

❶ 這裡及整本書中，我所用的術語「社會學家」是指研究社會實體的人。我並非僅指那些在社會學此科目拿高學位的人，因為任何人都可能去研究我們所居住的社會世界。真的，有很多小說家、編劇家、新聞學者、人類學家、心理學家以及歷史學者，他們的工作就構成一些最好的社會學家。接下來是當我用了術語「社會學家」，我並非僅指社會學博士所做的事情，而是以任何人都可

能用到的角度（參考Mills, 1959:19）。

❷社會學家Brigette and Peter Berger認為社會制度有另一個特色：歷史性（Berger and Berger, 1972）。但是，我不喜歡將歷史限定於制度的層面，而是用歷史的立體空間把三個原則緊密的結合。就如同你在下面的文章中很快就可看到的內容。

第二章
生產率及做生產的決定

　　根據1985年美國國家健康統計中心的資料指出：去年
一整年在美國就有將近三千七佰萬人出生，也就是說每天
有一千人出生，或每八點五秒就有一個人出生。

　　每一個生命的誕生都是一連串決定的結果。孩子並不
是就這麼「發生」了。他們必須先經過懷孕，並且還要有
機會能在母體的子宮內生長及發展。因此，你的出生，事
實上是你的父母在某些程度的覺醒下，對於要(1)懷你並且
(2)不是墮胎所下的決定。

　　這一章的目的有兩個層面：第一，我將描述美國目前
人口的人口統計圖表，並且討論在過去的三十年生產率如
何以及為何有所改變，也討論生產率似乎在未來還會改變
的原因。第二，我將討論要決定擁有孩子時所涉及的重要
因素，我的目標是讓大家對於成為父母的過程中的第一階
段有個全面又深度的瞭解。

在美國的生產率

　　一般而言，女人所能夠生產孩子的數目就叫做生殖力
（fecundity）❶，而一般女人所實際生產孩子的數目則叫
做生產率（fertility rate）。理論上來說，一個女人可以生
出多達二十個孩子，只要她從月經初潮就開始懷孕，並且
在停經前不斷地緊接著懷孕及生產。然而，由於考慮到健
康及社會的因素，所以實際上，孩子出生的數目比二十個
低多了（Robertson, 1981：510）。舉例來說，現今在美
國的婦女通常只生兩個孩子，然而回溯至一九三〇年代，
大部分婦女都生育三個到四個孩子。雖然現今一個女人生
五個或更多的孩子很少見，但一百年前，女人屬於多產這
一類別的比例卻是相當地高——大約佔有百分之三十的數
量（Thornton and Freedman, 1983：14）。這並不是
說，在一八〇〇年末期時有近三分之一的家庭全部都擁有
五個或更多的孩子，雖然當時的生產率很高，同樣地，在
嬰兒時期孩子無法存活的比例也很高（Dally, 1982：25-
43）。

生產的控制：避孕及墮胎

　　有兩種主要的控制生產（減少和時間測定控制）的方
法，那就是避孕及墮胎。避孕（contraception）是指防止

懷孕或受孕；墮胎（abortion）則是不生產。避孕已不是新的想法，相反地，它是一個歷史悠久的行為。

> 避孕…是一種社會公認的古老習俗，甚至在醫學及社會史上來說，也是一般被認為是有文化及地理普遍性的社會行為。避孕以某些形式存在於整個社會進化的範圍，也就是說，至少存在了近數千年。對於可靠的避孕方法的期望，有別於避孕的成就，已是許多社會的特徵，雖然會因時或因地普遍地不同。然而，欲控制生產的期望甚至賦予由風俗習慣及宗教法令所控制的那些社會一種特色——要求人們「增加並多產」（Himes, 1970：xii）。

在整個歷史過程中，先人曾經使用過什麼樣的避孕技術呢？文明前的社會是靠神力，而早期的埃及人及希臘人對再生產解剖學稍有瞭解，他們主要是用間斷式交媾（coitus interruptus）又稱抽出法（withdrawal）、陰道塞堵（vaginal blocks）及服藥（potions）（Himes, 1970）。而在五十年前，美國普遍最受歡迎的避孕方法是抽出法、保險套（condoms）及子宮避孕器（douches）（Kopp, 1934）。今天，在美國根據美國戶政調查，介於15歲至44歲之間年齡層的女人是主要「生育孩子的年齡」，最受歡迎的方法是使其不孕（sterilization）（佔百分之三十二——也就是說，在此年齡層女人的百分之十九採輸卵管結紮（tubal ligations）以及有百分之十三的

女人，其男伴都做輸精管切除）（vasectomies），百分之二十七人是服藥（pills），百分之十二的女人使用保險套，百分之六使用子宮內避孕器（intrauterine devices），百分之五是採橫隔膜法（diaphragms），百分之四是採殺精法（spermicides），百分之三是採射精前抽出法亦即射精中斷，以及百分之二是採週期法（rhythm）。另一方面，在三十歲以下的女人，最受她們歡迎的避孕方法是服藥（佔百分之四十三），其次則為戴保險套（佔百分之十五）（Forrest and Henshaw, 1983：163）。

在整個歷史發展而言，墮胎也是經常被用來控制生產的方法。在原始的社會中他們的對於「生產控制」的方式主要的就是墮胎（Himes, 1970:4）。在最古老的醫學教本中就已有包括墮胎藥的參考資料（舉例來說，注射汞到子宮內或以尖銳物品刮落子宮壁）。而且，雖然今日有嚴格法令明文規定實行墮胎手術的限制，但在古老年代裡，卻沒有明顯地法令規範，及懲罰墮胎（Krannich, 1980）。至於美國，

> 第一條針對墮胎合法狀態的條文…是由康乃迪克（Connecticut）的國民大會於一八二一年通過的。它嚴禁使用一種「有毒的或毀滅的物質…於任何已有孩子胎動感覺的女人」（例如，用於已是懷孕期並已感受胚胎移動的女人）…在這法令條文加速審查

通過前，外科墮胎的手術已經在一八二九年時於紐約修正法令的其中一節所明令禁止（於一八二八年制定），這個修正法令其中也涵括一種明確的治療特例，也就是說，「如果必要以保住母親的生命」可以墮胎⋯在回顧與紐約州立法條文處於同時代的文件談到，在當時，最受關注的主要不是會動的胚胎，關心重點是在於保護不想要懷孕的女人不會因爲墮胎而傷害其生命及健康⋯當時在大多數的醫院，幾乎每三個墮胎案例就有一人因此而死亡結束生命（David, 1981：5-6）。

一九六七年，科羅拉多州放寬對墮胎的法令限制，法令允許執行墮胎程序，它的用意不僅只是在爲挽救母親的生命時可執行墮胎，當婦女受到強姦、亂倫或在胚胎期的胎兒有先天畸形時也可適用。在一九七〇年，阿拉斯加、夏威夷、紐約，以及華盛頓等州則更進一步地將限制懷孕初期前三個月時墮胎的所有法律全部刪除（Hodgson and Ward, 1981：519）。

在一九七三年的時候，美國最高法院曾發佈兩項劃時代的判決，指出在何種特定情況墮胎這個手術才可合法地執行。第一件，Roe v. Wade他制定一個胚胎直到「胎兒的生存能力（viable）」的狀態結束（也就是說，受精胚胎在母親的子宮外，仍可藉助或不需藉助人工幫助而養活），墮胎的決定就是母親及醫師間的私人事情。法院刻

意不以懷孕期的任一特定的階段來設定其存活性，通常而言，它發生約二十八週時，但是也可能是早到發生於二十四週。在「胎兒的能養活期」之後，墮胎的決定則由各聯邦、州及地方政府各自制定。基本上，法院常對於墮胎應以「除了有必要而且要有適當的醫學判斷，或為了保住母親的生命或健康」為優先考慮這個意見產生爭議。因為誰有權決定母親的生命或健康在危險之中呢？這就是第二條規定負責來解釋的時候了。在此案中，法院（Doe v. Bolton）判決一個醫生必須考慮一連串的因素──包括生理的、情緒的、心理的、家庭的、時代性的──以決定其對一個女人生命的威脅（Lucas and Miller, 1981）。基本上，就是因為這兩個判決，而形成了今日的美國墮胎政策，而且這兩個判決在現今也成為贊成及反對墮胎人士兩方爭執的問題核心。

要整理出正確墮胎數的統計數據是非常困難的，因為現今並沒有「可靠的方法可以去估計合法的墮胎數目，或者究竟是否由醫生、助產士，或其他實習醫生來執行手術，也沒有方法估計由孕婦本身所誘導的墮胎等各方面的統計數據」（Tietze and Lewit, 1981：42）。然而，如果我們只看合法的墮胎，在美國從高等法院的兩項判決以來執行墮胎的人數已超過雙倍以上。在一九七三年，有大約七十五萬件墮胎案；在一九八二年，則約有一百六十萬件。據估計，到現在有超過四分之一的懷孕是以墮胎終了。也就是說懷孕四人中有一人會墮胎（Beck, et al., 1985；也

參考Henshaw and O'Reilly, 1983) 。

二次世界大戰至今的生產率

　　自二次世界大戰開始，美國生產率變化圖，明列於圖
2.1。請注意，由一九四五到一九五五年間出生數目急遽的
增加上升。一般來說，這個高峰是眾人所知戰後「嬰兒潮」
(baby boom) 期。戰後期間是一個兼具強烈的家庭價值

圖 2.1　　1940 至 80 年間，15 至 44 歲，每一千個女人的生產率。

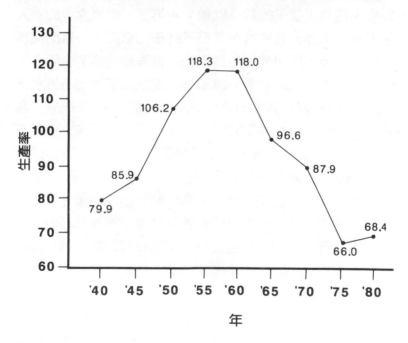

SOURCES: *Vital Statistics Rates in the United States 1940-1960; Statistical Abstracts of the United States 1976; Statistical Abstracts of the United States 1985.*

及健康的經濟的時期，而且社會學家猜測，因為綜合這兩因素所以造成出生數目的增加 (Cherlin, 1981)。

正如你所看見的，出生率於一九六〇年至一九七五年間滑落了相當多。這種衰退——有時可稱為「嬰兒解體 (baby bust)」——可歸咎於很多因素。第一，愈來愈多女人一直在大學或研究所念書，而且女人受教育愈高，她們通常所生的孩子就愈少。第二，因為她們對於受教育有愈來愈強的興趣，女人結婚就愈晚。女人遲婚至她們超過25歲，通常生孩子的數目就較少。第三，愈來愈多的女人離家在外工作。有些情況是為了財務的原因——幫助家裡使收支平衡，而另外有些情形是因為強烈的事業企圖心，以及工作所帶來的酬勞。無論是什麼理由使她們必須在外工作，工作的婦女通常都比沒有工作的婦女少生孩子。（我將很快的再討論更多關於這一點的情形）。第四，各種有效的避孕方法的供應，可能就是造成生產率下降的原因 (Melville, 1983：354-355)。

自從一九七五年以來，生產率似乎已經在攀升，而且社會學家也已感受此壓力的影響並試著去解釋其原因。有些人指出最快速的增加是發生在年齡25至34歲有第一個孩子的女人；他們認為這股顯著的增加是由於生孩子的女人把原來要晚點生孩子的計畫提前了 (Scanzoni & Scanzoni, 1981：554) 這是晚當父母親的必然趨勢 (Wilkie, 1981)，但是這是否就是造成輕微增加的原因，仍有待商榷。其他有些人認為我們將面臨自第二次世界大戰以來另

一股的嬰兒潮，而且他們認為重新對家庭問題的探究，將
會產生某種效果驗證（Reed, 1982）。雖然「任何事都會
發生」，但是出生率不可能再有過去介於一九四五至一九
五五年間的那種增加程度。事實上，它最終的結果可能是
減少。這是戶口調查局認為即將在未來可能會發生的情
形。美國政府預測在一九八○至二千年之間，出生率將會
穩定地降至六一‧四（Wetrogan, 1983）。

特定年齡層及社會經濟地位的生產率

表2.1提供了一九八○年的生產率是如何依據年齡、教
育、勞力狀態以及家庭收入不同而變化的概況。此表略過
最前三個「懷孩子的年齡」的年齡層（就是15歲至17
歲），因為這份資料並非根據國家健康統計中心數字中的
生命統計數字報告，而是以近三萬六千個女人的可能性樣
本為依據。倚賴一份調查報告而非出生證明的好處是我們
可以收集到除了種族及年齡以外的其它變數（O'Connell
and Rogers, 1982）。

看了此統計表，我們可以發現大部分孩子都是在母親
年齡低於30歲時出生。18至29歲組以及30至44歲組這二組
在所列出的樣本多項特性上有其差異性。例如，受大專教
育的婦女似乎較其它教育程度婦女更傾向於在他們30歲左
右有孩子，尤其是更傾向於在30歲左右懷有第一胎。在家
庭收入這項特性上也有相同的傾向。年收入至少有2萬5千
美元的家庭婦女，較其它收入的婦女更傾向於30歲左右時

表 2.1　以年齡，教育，勞力狀態及家庭收入爲類別，在每千個女
人中所生的頭胎及全部孩子的相關資料的統計數字。

歲數	第一胎			全部孩子		
	18-44	18-29	30-44	18-44	18-29	30-44
教育						
低於高中畢業的學歷	28.1	54.1	2.5	91.9	150.9	34.0
高中畢	30.2	54.0	3.5	71.5	111.3	27.1
1-3 年大專	25.2	37.0	8.0	58.4	72.5	37.5
4 年大專	29.4	44.7	14.4	65.9	71.3	61.1
5 年大專以上	25.4	40.0	18.0	52.1	63.0	46.1
就業人力地位						
勞力	19.7	32.7	4.4	40.9	58.1	20.7
就業	18.2	31.0	4.2	37.4	53.1	20.2
全職	16.7	28.2	3.9	33.6	47.2	18.7
兼職	23.0	39.3	4.9	48.9	71.2	24.7
找工作	34.6	45.3	7.4	75.0	94.8	28.3
非勞力	45.6	82.9	9.6	130.1	202.0	61.1
家庭收入(美元)						
<$5,000	32.5	47.7	3.1	94.3	126.2	34.1
$5,000-9,999	34.4	53.2	4.7	86.8	118.0	36.2
$10,000-14,999	34.2	54.5	5.8	83.9	120.7	32.5
$15,000-19,999	26.6	46.3	5.0	77.1	115.3	35.8
$20,000-24,999	33.5	61.9	7.1	69.8	104.9	37.4
≧$25,000	19.7	34.9	8.3	48.5	63.5	37.1
所有女人	28.5	48.6	6.3	71.1	103.7	35.4

SOURCE: "Differential fertility in the United States: 1976-1980," by Martin O'Connell and Carolyn C. Rogers. Reprinted and adapted with permission from *Family Planning Perspectives*, Volume 14, Number 5, 1982.

有孩子，尤其也是傾向於30歲左右就懷有第一胎。

　　就像先前注意到的，我們也可看到，加入就業人力市場與生產率之間有很強的相關。一九八〇年加入就業市場

的婦女其生產率（包括已就業及還在找工作的）是四十點九（千分比），然而，未投入就業市場的女人（全職家庭主婦）的比率則為一百三十點一（千分比）。該謹記在心的是，就業市場的參與與生產之間存在有互惠的關係。像是離家在外工作可能會導致婦女孩子的數量較少，而一個全職的家庭主婦可能會對當母親感到有較強的使命感，而讓她們比其他在工作的婦女更願意有更多的孩子（Sweet, 1982）。

生產的抉擇

重大的決定

「你的一生中最重大的決定」（The most fateful decision of your life）就是這本書對生產的形容（Whelan, 1975）。另一位專家則形容生產是「你的一生中最重要的選擇」（Bombardieri, 1981）。這些書裡所談的決定或選擇則是指如何成為父母。然而，為什麼成為父母的決定是如此的深具意義呢？其實是有很多的理由。第一，這個決定實際上來說是一旦下了決定就無法取消或變更的。你可以決定選一門課程後因為課程的內容不符合你的期望而取消或退選；你也以買了一棟房子，因為某些理由房子失去它的吸引力，而賣掉它；又或是，你可能和你的青梅竹馬結婚，然後因情勢逆轉而決定離婚。但是，除

非你要放棄你的孩子讓他人認養或乾脆將孩子遺棄在別人
的家門口，否則一旦你成爲父母，你就永遠是父母（Rossi,
1968）。

有了孩子尚需考慮財務成本。最近有一篇研究的結果
顯示，

> 在一九八〇年之前還沒有孩子的雙親家庭，以先生
> 年齡25歲的家庭平均來說，撫養一個從一九八〇年
> 出生直到兒子22歲這段期間，大約需花費總數二十
> 一萬四千九佰五十六美元（一九八二年金額尚未核
> 算），而且是假設這個兒子是不準備就讀當地的私
> 立大學的估算結果（Olson, 1983：55）。

這是將一個孩子養大成人所需的成本。養兩個孩子則
需花費三十五萬柒仟壹佰柒拾壹美元，而養三個孩子則需
花費四十七萬伍仟零肆拾陸美元！並且，值得注意的是，
這些是養育男孩子的成本，如果是養育女孩子所花費的成
本就更貴了！

養育兩個或三個孩子的成本並不是養育一個孩子所需
成本的二倍或三倍，其原因是有些東西像是電視或音響設
備系統是孩子們可共同分享的；而且，第二或第三個孩子
經常會接替他們的哥哥或姊姊的二手衣物。至於爲什麼養
育女孩比養男孩還貴，根據研究顯示，雖然在食、住及醫
療保健方面養育男孩的成本比較高，但是，在結婚經費，
化妝品，旅遊，珠寶及玩具的支出則是以女孩的花費高出

男孩許多 (Olson, 1983：40, 41, 56)。

　　表2.2把養育孩子的成本分成六個項目。如同你在表上所見，父母所需負擔的大部分經費是在食及住的部分。最有意思的是，在衣方面——這是很多父母都認為價格過高，而他們又必需經常得購買的項目（因為孩子長得很快）——但衣的支出竟然只佔所有成本的百分之四而已。

　　當然，要成為父母所花費的成本並非只是來自於財務上；也有來自於心理及社會的成本。同樣地，我們也不可忽視其益處，如果不是絕大部分，也有許多的父母心中有個「使物超所值」的念頭。有兩個研究人員訪問父母親下面的問題，「一個男人及女人的生活在有了孩子以後會有所改變的原因為何？」在研究抽樣的父親及母親們很多都回答，成為父母後，會使他們感到被綁住有束縛感，使得他們失去了自我個性，也限制了他們的前途。在好的方面來說，他們則提到成為父母是非常的充實的，也幫助他們自我的成長，使他們成為更成熟的人類，使他們覺得自己有用、有成就感，也給他們的生命帶來了許多歡樂 (Hoffman and Manis, 1978)。

　　總之，你的未來，儘管只是部分的生活，已經會因為你有沒有孩子而決定了，也是這個原因使得成為父母的決定，成為在你的生命中所面臨最重要的抉擇。

做決定

　　選擇成為父母身分的國家聯盟〔NAOP 　（The

表 2.2 　養育男孩一生所需的平均所得及各項花費(以 1982 年貨幣值計算)

	一個孩子	兩個孩子	三個孩子
食（在家吃飯）	69,584.51	113,060.96	150,858.54
住	65,006.70	109,417.72	145,370.62
衣	8,958.81	15,088.14	20,044.79
行（交通）	29,254.89	47,567.14	63,538.02
醫療保健	14,973.44	25,521.07	33,672.51
其他	27,177.63	46,516.41	61,561.30
總數	$214,955.98	$357,171.44	$475,045.78

注意：當地私立大專院校的成本並未記入。

SOURCE: Reprinted by permission of the publisher, from *Costs of Children* by Lawrence Olson (Lexington, MA: D. C. Heath and Company). Copyright 1983, D. C. Heath and Company.

National Alliance for Optional Parenthood) 〕，是一個於一九七〇年代成立的組織，以促進人們的選擇成為有責任的父母親，他們發行了許多小冊子，在其中他們列出一系列經過設計的問題來幫助人們做正確的決定 (Baker, 1977) 。有些問題NAOP建議你在開始行動成為父母及想懷孩子之前，要先問你自己。詳列如下：

1.在我的生活中我自己想要的是什麼？我認為什麼是重要的？
2.一個孩子對我的成長與進步會有何干擾？
3.我喜歡和孩子共處嗎？我樂於從事孩子能做的活動

嗎？

4. 我想要一個男孩或女孩？如果我得不到我想要性別的孩子該如何？

5. 我會想把我的想法及價值觀傳遞給我的孩子嗎？如果我的孩子的想法及價值觀和我的不同時，我該如何呢？

6. 我的另一半想要孩子嗎？我們曾討論我們想要孩子的原因嗎？假設我們其中一個想要孩子而另一個不想要孩子時，誰做決定？

最後一個問題是其中最重要的問題。成為父母會改變了自己，它不但會改變你如何看待及感覺自己，也會改變了你如何看待及感覺你的配偶、朋友、雙親、工作，以及宗教等等。它甚至會改變你的時間及空間感；當有孩子在周圍時，你永遠都會感覺時間及空間兩者都不夠用。因此，決定成為父母是不可草率地。一對夫妻應竭盡每一分努力來確定在決定接受成為父母身分之前，雙方態度已協調一致——否則他們很可能在未來會發現他們深陷麻煩之中❷。

到底父母角色如何影響婚姻，這個問題和歷史及文化的背景有密切的關聯性。

在許多社會裡——尤其是那些有其歷史背景以及現今非西方的世界——視血緣比姻緣還重要，也因此，他們認為父母及子女的關係遠比夫妻關係還要來得

重要。今日的西方國家他們的家庭系統卻並非如此，
尤其是今日的美國更不認爲如此。在美國，在隔好幾
代前就切斷同血緣或是遠親組成的擴展家庭，且造
就了以夫、妻，以及其孩子所組成的核心家庭；血緣
關係已經大大的減弱，而且孩子也已幾乎被視爲一
種附屬品，而非婚姻的理由。所以，不管在何地點或
時間，來討論父母角色是如何影響婚姻是不適當的。
但在此時此地，這個問題倒頗有關聯的 (Christen-
sen, 1968：284)

到目前爲止，你可能已經忘記前面我所說的內容，也
就是決定成爲父母是一種愼重的過程。這是最眞確不過的
了。

做決定就正如其句子所暗示的：它是「做」 (mak-
ing) （也就是、創造、構成，或產生）一種「決定」 （就
是一種決心、意見，或判斷）的行動。而且是蠻難做決定
的，如果是只有一個人涉身其中還算簡單，但是當涉及兩
個人或更多人時，做決定就非常複雜了。

造成聯合決定的複雜性有二個主要因素──溝通及權
威 (Beckman, 1982) 。溝通 （口語的及非口語的）使人
們可傳達他們對他人的想法、感覺及行動。溝通，就如同
第一章內所指出，也是以社會結構的價值、信念及常模爲
中心。因此，「溝通」 (communication) 在做決定生產
的過程中就如同導管及鋼架。權威 (power) 是指控制他

人的能力。在一個婚姻中，不論是誰，比較有權威就意味著他或她居於控制的位置，可以控制他或她配偶如何看待或感覺父母角色，而且甚至可以控制他或她的配偶如何扮演父母的角色。舉例來說，一個男人如果他想要有一個孩子，但卻娶了一個不想要小孩的女人——如果在婚姻中擁有較多的權威——可以改變他太太不要孩子的心意，並且可以說服她停止避孕。

就拿Ginny及Rick來說，Ginny想上法學院，Rick想要她待在家中而且想要有個孩子。Rick覺得Ginny對於前途的追求興趣是「和婚姻及養育孩子不一致的」（Sheehy, 1974:157）。最後，Rick贏了；他們目前已擁有他們的孩子。以下是他們如何做決定過程的回憶：

> Ginny：我對如何懷有這個孩子的印象特別深刻。你記得嗎？
>
> Rick：你以前拒絕在晚上之前和我做愛。
>
> Ginny：對。但是那種情形最後還是發生了，而且讓我更加感覺是被強迫的。Rick潛意識中對於製造此種情境有很大的興趣，可是Rick在心理性的動機上一直不願承認。
>
> Rick：其實這動機是非常簡單。我是…
>
> Ginny：對在那個時候做愛感到有興趣。不是一整個月，而是每個月中有些特定的時間。我們沒有停止，於是我懷孕了，一發就中。

Rick：非常對。

Ginny：非常有能力的，對嗎？記得我懷孕後我們的討論
　　　　嗎？我只是怪你如此做，以致我們不用去面對我
　　　　上法學院的事情。

Rick：我一點也不訝異。

Ginny：你記不記得我們坐在沙發椅上？你把我摟進懷
　　　　中，而且當時我在哭。

Rick：不太清楚了。我所記得的就是在那之後，我們出去
　　　　吃飯並且慶祝。

Ginny：真不敢相信！我一點也不記得那頓慶祝晚餐。
　　　　（一陣令人不適的安靜）…你可以把這場我們之
　　　　間的爭論詮釋為：沒有Rick的許可，我是不可能
　　　　出去而且有自己的前途，因此，他有共同的選擇權
　　　　來做那個決定。

Rick：那是妳也肯合作。而且，妳也決定妳要有個孩子
　　　　(Sheehy, 1974：160-162) 。

　　Ginny和Rick展現出做生產的決定過程是如何的複
雜。Ginny和Rick決定要有個孩子？或是Rick替Ginny做
了決定？我們可以從Ginny和Rick二人的對話當中對於二
人彼此之間的溝通狀況做出何種推論？我們又可由每人對
各狀況所賦予意義中獲得何種推論？

　　其實很難找出答案來，但是我們可以多談談，這個案
例的某些對話都強烈顯示出Rick在婚姻中比Ginny擁有較

大的權威。因此，Ginny是完全對的，當她說她感到「被強迫的」去有個孩子。但是Rick並未強暴Ginny，然而，就某種程度而言，當Rick說她「合作」時Rick是對的。但如果在最後說Ginny「決定」她想要有個孩子，是種誤導，也是人們對定義這情況的最佳描述。如果最後Rick能夠說服Ginny選擇她要有個孩子，他們夫妻之間的衝突便會減至最小。反言之，如果不是，這個衝突可能就會毀了他們夫妻的婚姻。至於他們兩人對於回憶珍妮獲知她懷孕後所發生的事情是不一致的，這表示他們兩個人對生孩子的態度是如何不同的一個例子。想到此，事實上他們如此的不同，可能也正是他們雙方各自問題的來源。他們彼此不但沒有傳達給另一方他們是如何看待及感覺此事，他們似乎也不能瞭解和珍惜另一方的意見。

　　最後一點是有關於丈夫及妻子如何做決定要成為父母。據估計有百分之四十的懷孕是因為時機不適合，而且有百分之十五是不想要孩子但又懷孕的。大部分這些時機不合的和不想要的懷孕都是因為完全沒有使用避孕方法，或者是使用避孕法但失敗或沒持續避孕而導致的懷孕。另外，在這些時機不合或不想要的懷孕案例中有近百分之四十一的人最後還是把孩子生下來；而其他的人則是決定墮胎或流產。這可以解釋在美國這些佔百分之四十一的個案，造成每年有一百三十七萬三千個嬰兒是所謂不被期望的孩子（Ory, ct al., 1983：15）在某方面而言，這意謂著這個國家中有很多小孩，在他們自己的家裡是不速之客。

經由選擇決定不要孩子

有些夫婦是有意識地決定他們不要當父母親。目前約有伍佰伍拾萬，年齡層在15至44歲曾結婚的女人是沒有孩子的，而且其中有六十八萬三千人（約百分之二）是志願沒小孩的夫妻。其他的則不是被迫不能有孩子，就是較晚才有孩子（Mosher and Bachrach, 1982）。研究顯示，基本上有兩種志願不要孩子的人：拒絕者（rejectors）及狂熱者（aficionados）。

> 拒絕者主要動機是來自其對有孩子的壞處所採取的反應。…拒絕者通常傾向於不喜歡孩子，而且儘量避免和孩子們在一起相處。他們之中有很多人會炫燿他們沒有孩子；甚至他們有些還積極地誘導別人去改變，讓別人也成為反生產人士或擁有沒有孩子的生活模式。狂熱者是自願不要孩子的狂熱信奉者，與其說他們不願接受當父母的不便之處還不如說是他們欣賞沒有孩子的好處…一般來說，他們喜歡孩子，或者至少他們對孩子是採中立的態度，而且對於生產的議題，他們傾向於有政治手腕的，採不同意贊成生產人士也不偏向反對生產人士的態度（Veevers, 1980：158）。

這些同樣的研究也探究了不要孩子的人他們的生活形態，大部分的夫婦都經歷四個獨立的階段。如下：

1. 延後一個特定的時間：丈夫和妻子把生孩子的事件延後到他們從學校畢業後亦即完成學業之後，買了房子，或者是爲了彼此雙方的適應。
2. 延後一個非特定的時間：丈夫和妻子都允諾要成爲父母，但是都不明確的表示他們在何時才要成爲父母。
3. 深思熟慮父母身分的利與弊：這過程是一種質的變化，因爲對於當父母親的利弊心知肚明，最後的可能性就是，他們可能會決定不要孩子。
4. 接受永遠沒有孩子的情況：夫婦達成結論，沒有孩子是永遠的而非短暫的狀況 (Veevers, 1980:20-27) 。

　　大部分今日的丈夫和妻子他們會花很長的時間去決定保持不要有孩子，這個事實更印證我先前所說的。並非有許多的決定與選擇成爲、或不成爲父母的決定一樣的重要，不論你是選擇那一條路要走，你的生活都將因此而永遠改變。

結論

　　生產並不只是簡單的生理過程；它也是一種社會的過程。孩子並非臨空而降；他們是因爲被決定出生而存在於

這世上。而且所有的決定也是因爲在歷史及社會的背景下而做的。成爲父母的決定——不論在你看來是多麼個人的——事實上在公共議題上，都是最高層次的議題 (Mills, 1959)。

　　總而言之，誰擁有孩子和爲什麼有孩子——一直是、也將持續是人性所面臨最重要的問題之一。字面上而言，未來的世界還仰賴我們如何處理這個社會議題。

　　在這一章裡，我試著以既深且廣的角度來傳達生產的問題。我以在美國的生產率的討論爲始——顯示這些出生率如何變化及如何隨年齡及社會經濟的狀況而改變——並以生產決定過程的結構及動力的測驗作結束。下一章將延續這一章結束時的話題，其中將針對其立即效果而非避孕的原因來進行討論。

問題討論

1. 過去人們如何控制生產？現在他們如何控制生產？
2. 自二次世界大戰以來，美國的生產率如何演變，而且今日它又是如何隨年齡及社會經濟的狀況而改變？
3. 成爲父母的利弊各是什麼？保持不要孩子的利弊又是什麼？
4. 如果你的朋友中有兩個人告訴你，他們正在做是否

成為父母的決定，而你也有興趣研究他們做選擇的過程，不論如何，你的考慮因素將會集中在那些方面？為什麼？

建議作業

1. 到圖書館尋找最近的期刊雜誌叢書、家庭計畫，多讀些文章以瞭解更多有關本章所提出的議題。
2. 打電話到你所住的地區內一家醫院，並約定時間和其內部從事性教育或執行墮胎的人員談談。試著感覺他們如何看待他們的工作。
3. 和一個已決定不要有孩子的丈夫和妻子面談。請他們告訴你他們如何下此決定的過程。

註解

❶在計算生殖力或生產率時，人口統計學家一般來說都集中在女人年齡15歲至44歲。因此，嚴格說來，生殖力通常是指年齡在15至44歲女人生理上所能生的孩子的數目，而生產率是由15歲至44歲女人所生的孩子數目除以總出生嬰兒數目所得到的比率。而且，生產率和出生率是同樣一件事。（概略的）出生率是人口數除以出生的

數目所得的比率。我想要調查生產率而非生殖或出生率,因為生產率和瞭解成為父母親的過程更相關。

❷這本書主要的重點是放在成為父母的已婚人士所發生的,並不是調查非婚生子的社會實體。我相信未來在家庭研究系列的叢書中將會探討這個複雜而重要的話題。

第三章
懷孕

　　被問到當一個準媽媽的滋味如何時，有一位婦女回答，「你會認爲它完全是在你的子宮內，然後你會發現你整個生活都在懷孕」（《波士頓婦女健康叢書》*Boston Women's Health Book Collective*, 1978：34）。簡單幾句話，這個準媽媽不僅表達出懷孕的本質，也傳達出在這一章背後的理性。在本章裡，我希望能給各位一些概念，有關人們的生活——男人及女人的——是如何因爲發現懷了孩子及即將成爲父母而改變。

生理及社會懷孕間的關聯

　　我將以兩種懷孕的事實爲例來開始這個主題：生理性及社會性（或正如那位準媽媽所言，在子宮內所發生的改變以及你生活上所發生的改變）。身體懷孕的事實是開始於受精的那一刻，當一個男人的精子進入一個女人的卵

子，以及這兩個導火管的細胞核就形成一個新的細胞叫做受精卵（zygote）。如果此受精卵是健康的，而且不是發育不全的話，它將在女人的子宮內著床且發展，並且會在九個月後，經由她的陰道（或經由她腹部，如果是剖腹生產）誕生成爲一個新生男嬰或女嬰❶。對照之下，懷孕的社會事實並不是開始於受精的那一刻，而是當某人相信他或她在期待一個孩子才開始；它是當一個人宣稱自己是準媽媽或準爸爸時才開始。（舉例來說，「我妻子和我將有個孩子」或「我相信我懷孕了」）（Miller, 1978）。

懷孕的生理及社會事實並不需要一致。舉例來說一個女人有時可能並未察覺到她已懷孕；或一個男人可能認爲他妻子懷孕，但事實上她並沒有懷孕。而且，有些人可能比別人更願意接受懷孕的事實：譬如，一對夫妻，想要有孩子而且已嘗試一段長時間，他們很可能會把身體上任何癥狀（錯過經期、嘔吐）都認爲是他們實現願望的訊息。

第一篇研究生理及社會性懷孕的區分（及有時候是矛盾）是由社會學家Rita Seiden-Miller針對49位正懷她們第一胎孩子的孕婦所作之研究（Miller, 1978）。Miller發現社會性懷孕不僅已存在，而且它至少經歷三個階段。

第一階段，通常是發生在身體懷孕的前兩個月，開始於當某人（她研究中的女人）開始將其身體的變化認爲是懷孕的徵兆，而且開始將自己視爲是準父母時。由於想瞭解計畫要有孩子的人們是否會比並無此計畫的人更快經歷此階段，Miller將她研究樣本分爲三組——第一組是眞正

有計畫組,第二組是只到某種程度的計畫組,以及第三組是沒計畫組──並分析每一組的女人倚賴別人來說明她們是否懷孕的程度。Miller注意到「沒計畫組幾乎完全只倚賴『正式的』(醫生的)說明身體徵兆才認為他們已懷孕」,而且雖然很多人都告訴或顯示「即使是有預兆」她們已經懷孕,這些婦女仍然要等到由醫療人員告知才肯接受她們已懷孕的事實 (Miller, 1978:191-192)。

　　在現今,沒計畫組過度倚賴醫療診斷這種情形,可能並不像在Miller進行研究時一樣真確。在今日,婦女可以用在大部分的藥房都有供應的測孕劑來驗證自己是否懷孕。

　　即使一個男人或女人可能知道他或她將有個孩子,但有時似乎還是很難去相信,尤其是懷孕初期到在婦女可感覺嬰兒的動作之前,或只是她的身體開始起明顯的變化之前。Miller研究的婦女間有部分的人在開始時並沒有認同這個新的身分,她們是認為,「似乎不像真的」懷孕,因為她們並沒有「感覺不同」或「看起來不一樣」。然而,當第二至第六個月之間時,便有了相當明顯的變化,這些婦女這時處於社會懷孕的第二階段,在此階段內,她們的心裡認為她們變成「真正的」懷孕。就很多女人而言,引起她們最重要的心理改變是因為胎動──就是感覺胎兒移動的關鍵要點。

　　　　當我自己初次感受到胎兒的移動,你知道,就像某事
　　　　正在發生。直到那時,我們才真正討論它 (Miller,

1978：196）。

由「不確信」到「確信」懷孕的轉形，不僅是由生理上的改變所促成，也是由這些改變所產生的社會互動而達成。定期地看醫師，穿孕婦裝（一種服裝可提高己身及他人對其新身分的認定），而且每日進出談論的都是成為準媽媽的話題，這些事件都可使懷孕對女人而言「成為眞實的」。

社會懷孕的第三階段（第六個月至九個月）的特性就是都在思考分娩、生產以及即將成為父母的生活改變——也就如同一位作者（Whelan, 1978）所說的「嬰兒參與期（infanticipating）」。雖然準爸爸及媽媽們在懷孕期間孩子出生前就已將孩子出生及成為父母角色仔細想過，但這些議題很明顯地在產期逼近時會特別敏感。正如同懷孕九個月的婦女所瞭解的，

> 我們上星期才拜訪過朋友，他們的孩子眞令人生氣。我眞慶幸能回到我們自己的平靜的公寓。然後我看到自己屋子突然想到「哦，我的天啊，那就是這個地方很快即將成為的樣子！」（Whelan, 1978：131）。

通常準媽媽會在最後幾個月中將嬰兒的名字取好，為嬰兒購買衣服，如果需要的話，還會找好托嬰中心。

準媽媽們

不只在美國，事實上在任何的地方，都秉持著一個強烈的信念——那就是有孩子是一個女人的命運及她身分認同的來源。成為一個母親這個事實因此而被認定為是在女人的一生當中一個重大的轉變，甚至可以說，是意義最重大的轉變——（Rossi, 1968）。同時，母親角色，一般來說並不是社會上所認定聲譽高的職業，所以，我們不難發現當你問一位婦女，他們在「做」什麼時，她通常會很尷尬的回答「當媽媽」是她的「工作」（LaRossa and LaRossa, 1981）。

事實上，母親角色會被認為是一個又重要但是又好像很卑微的工作，其原因是來自於有很多女人都對懷孕這件事有著既愛又恨的複雜情結。即使女人是有計畫的懷孕，她們通常會發覺自己對父母角色還是有正面及負面的態度（Lederman, 1984）。

根據一項研究指出（Hanford, 1968），這種矛盾的感覺在懷孕初期是非常強烈，但是隨著產期的逼近，強烈度就會逐漸減弱。可解釋的原因是，由於懷孕期的發展，準媽媽們會有一系列的行為舉止以減低她的矛盾情結。舉例來說，她將試著記得有孩子的好處而忘記有孩子的壞處，通常會找一些人討論來加重其對於父母角色的認同

——她的母親可能在這方面很有幫助——並且避免與那些會使自己想到害處的人相處——舉例來說，避開她一些自願不要有孩子的朋友。

有意思的是，最近的一項研究（Leifer, 1980）結果卻發現與上述情形相反的現象——矛盾程度不是一週接一週的隨之下降，懷孕的女人其矛盾情結會隨時間而與日俱增。

為什麼這兩份研究會有不同的結果？除了這兩項研究使用不同的測量方式之外，它的不一致性也可能反應出在此兩份研究完成期間，在這國家觀念已有改變（一九六八相對於一九八〇）。第一份研究所顯示的是衝突的減低，是因為減低各種不同的矛盾情結的成功策略；如果這些策略無效，內部心理的衝突，很可能就會繼續維持或增加。第二份研究則指出女人愈接近分娩就愈有矛盾情結，因為在懷孕後期階段，在生理及社會上會有所限制（例如，疲勞及婚姻中的改變），而且常會比原本預期的情況更嚴重。因此，此兩份研究的重點似乎在於期望及認知事實間的不一致（參看Oakley, 1980：281）。這也許是現今婦女比較不願意接受懷孕所帶來的限制，也有部分限制原因是她們不太可能接觸到對懷孕有正面說法及定義的人。如果是這樣的情形，那麼我們不難發現懷孕對今日的女人而言，接受度比起二十年前的情形更困難；而且我們假設婦女對於非父母親的活動有更高的熱衷度（她們的工作或婚姻），她們會更難渡過調適為懷孕的日子（參考例如，Behrman, 1982; Lederman, 1984）。

事實上準媽媽必須學會處理一大堆矛盾的期望 (Graham, 1976）。一方面來說，「懷孕的女人因為她所展示的生產力及將實現的身分」而被認為強而有權的；但同時她也被視為是「易受傷害而脆弱的」 (Leifer, 1980：19）。關於易受傷害及脆弱的認知，母庸置疑的是因為有很多女人在她們懷孕時，希望被視為無助而且需要他人迎合的情形所導致的結果。有些人甚至喜歡此想法。一個我所約談的女人就曾說道「我喜歡懷孕。在我一生中，從沒得到像懷孕時這麼多的關注」；另一個則說：「我只是有一個感覺，在懷孕時我可以說任何我想說的事，而且沒有人敢對我表任何意見！」 (LaRossa, 1977：48, 146）。不過當她們懷孕時，大多數女人似乎都很反對被他人認為是「生病」， (Entwisle and Doering, 1981：54) 因為生病意味著她們被譏諷為「像孩子般依賴的角色」 (Breen, 1975：54）。準媽媽，她們的角色是很新的，或許是女權運動者，她們尤其是對在她們懷孕時被當作生病的想法感到更加的不自在 (Gladieux, 1978）。

懷孕是個「嬌弱的狀況」 (delicate condition) 不再是新的一種觀念。就整個歷史看來，準媽媽們必須和許多迷信及民間醫療抗爭，如果忽視的話，很可能會為她們自己或她們的孩子招惹麻煩。在十八世紀期間，舉例來說，懷孕的女人都會被告知以下幾點：

1. 不要住在骯髒的窄巷道或靠近骯髒的處所，否則長期聞到惡臭會導致流產。
2. 避免吵雜聲（尤其是雷聲、砲隊及大鐘）而且限制孕婦騎馬以及坐公車或旅行用車，也為了同一原因——會流產。
3. 不可以做運動，因為運動將會使胎兒偏位或異位。
4. 晚餐後不可以睡覺，因為「懶惰享樂」（idle luxury）的日子會生出有病的孩子。
5. 不要洗熱水澡，否則子宮會裂開。
6. 在胸部方面要穿鐵片，以防胸部長得太大，而且也可避免奶汁凝固。
7. 不要吃魚、扁豆、豆類、炸的食物、牛奶、水果、乳酪、沙拉、調味後的肉類，或太多鹽的肉類（最後「會使孩子出生後沒指甲，短命的現象」），並且使她們自己順應週期性的流血，以便除去她們自身的「壞血」（Eccles, 1982：62-64）。

而今日呢？對於健康和營養的想法，已經非常肯定地有所改變了。懷孕的女人現在是被要求要：

1. 如果工作本身並不會比日常生活具危險性的話，繼續離家在外工作直至陣痛開始。
2. 做適度的運動。
3. 多休息，並可於任何時候小憩片刻。
4. 避免澱粉及糕餅類，並多吃富含蛋白質及元氣的食

　　物（例如瘦肉、魚、雞、用酸牛奶做的軟乾酪、沙拉、蔬菜及水果）。
5. 禁止抽煙及喝含酒精的飲料。
6. 避開各種化學藥劑：包含鉛、汞、氯化烯、一氧化碳，以及任何殺蟲劑。
7. 每天沖澡或洗澡，但避免泡在熱盆中（華氏120度或更高溫）超過數分鐘（Birch, 1982）。

　　在過去二十年間，有關產前保健的醫療政策已有顯著地改變。今日，醫生告訴我們，不論準媽媽吃、喝或注射任何物質，最終都會以各種途徑來讓她肚中的孩子成長。但是在一九六〇年代，醫生們並不認為是這樣。那時最普遍的醫學看法認為胚胎和母體是隔絕而獨立的。舉例而言，他們認為給母親的食物，一般都不會對胚胎造成任何威脅，直到有一件因為鎮靜劑所造成的悲劇，才改變了醫生們的想法。

　　在一九六一至六二年間，史無前例發現如海豹肢的畸形案例，這是一種先天性的畸形，特徵是長骨的嚴重缺陷，導致嬰兒有著我們一般所知道的「鰭狀肢」，也缺少四肢，這是由西歐首先發現的案例，而且當時遍及整個歐洲，甚至美國也有輕程度的案例發現。根據後來的檔案顯示，這種缺陷是因為孕婦在懷孕的第十三至十五天內服用一種鎮靜劑所造成的。在很多狀況下，這種鎮靜劑是由婦產科醫師所開

的處方，用以控制懷孕期內的嘔吐。所以有成千個嬰
兒因此經由母親所服食的藥物成分而嚴重地受到傷
害，這種情形正好與早期的醫療模式相牴觸，過去他
們認爲胚胎是獨立並受子宮保護的。由於這個慘痛
的經驗，胎盤不再被視爲一種嬰兒的遮蔽物或障
礙；相反地它被視爲一種「血管」 (Rothman,
1982：135-136)。

　　鎮靜劑悲劇和最近發生的DES悲劇 (一種合成的荷
爾蒙，在一九四○至五○年醫生通常開給婦女以防止流產
之用，這會導致她們的女兒在出生後十五至四十年內發生
癌症病變) 迫使醫療界修正婦產科醫療模式，同時也加速
了人們嚴重地質疑婦產科的行爲。這是十九世紀以來，醫
生和助產士首次在爲懷孕和出生而爭論時的情形 (將於第
四章中討論) ，婦產科醫師認爲他們是處於仔細研討而需
辯解的地位。和婦產科醫師約談來決定對他們最好的懷孕
模式，對現在的夫婦來說是很平常的；而且醫師也學會了
他們的建議不再是金科玉律。有愈來愈多的婦女認爲不論
她們在何種狀況下做任何決定，她們都要能積極地參與懷
孕過程。簡單的說，「你不需要知道，只要坐著就會長大」
的醫療形式 (Rorvick and Shettles, 1970：31) 已不再
被大家所接受 (McBride, 1982：420) 。

　　這些或許是好的──對婦女謙遜的態度──這種情形
已於產科醫療界發展了許多年。舉例來說，這裡有篇摘錄

自書名為《婦科醫生的自白》（*Confessions of a Gyne-cologist*）於一九七二年出版的文章，其中，當時婦產科醫師傲慢自大的態度，在目前已令許多產科醫師感覺內疚。（以下是其內容）：

> 三十年來，大部分時間都花在處理孕婦，這應該給男人頒個獎章，可想像有個人，一隻手拿著電話筒，而另一隻手則掛著檢查鏡。我並非不是企圖在聲明我的情形，直到我發現解決面臨難題的方法，這個問題比起其他的問題尤有過之，而解決方法就是讓產婦陷入麻煩以及迫使我自己變成一個刻薄的老人。那個問題就是三個字母：FAT（肥胖）。
>
> 辦公室的一天，本來過得很快樂、平順，沒什麼麻煩事。護士會告訴我B太太，她是在懷孕期內一切良好也一直都很正常的病人，她的體重是154磅，比上次看診時所量的體重增加7磅，這使我的心情滑落谷底。我延遲著，並且在進診斷室之前先抽根煙，以便使自己冷靜下來。B太太多了那7磅就像她有兩個頭那般。事實上，多個頭（懷孕）或許可幫助她…。
>
> 當我走進診斷室，我看了她的足踝一眼。如果它們腫起來的話──所指的是水腫──水在組織內──體重的增加就可能不是她的錯，這個問題我可用利尿劑來加以治療。但是如果她的足踝情況良好，而她鬆弛的肚皮是由馬鈴薯，奶油，糕餅以及冰淇淋所堆積

出來，她就免不了要挨我一頓訓誡（不具名的醫
生；1972：55-56）。

關於不具名醫生的意見中，有兩點值得注意。第一，
他神氣十足的態度。他的表現暗示出他想控制病人強烈慾
望，就如同老闆一般（除此之外，他也承認他的病人並不
這樣認爲「一種半神仙，不可能做錯事」令他感到失
望）。我們可以假設，他對一個好病人的定義是：一個盲
目遵從他的指示，而且必須不懷疑地深信他說的方法對母
親們最有益處。然而，最有意思的是，研究中指出在懷孕
期間採取被動角色的婦女——她們任由醫師，家人及朋友
控制——是最容易罹患產前及產後憂鬱症的族羣（Breen,
1975）。而且，如果孕婦把懷孕視爲衰弱的病症，通常也
會遭受到較多醫療方面的併發症（Rosengren，1962）。
因此，表示少有產科醫師如同不具名醫生，是對病人心理
上及醫療上都採有利處理（而那些如同不具名醫師的醫
生，也開始因被病人注意而有改變）。

第二個值得注意的是這位不具名醫師對孕婦體重增加
的看法。他一直監視他的病人的體重的原因是他關心水
腫，而結果是「妊娠毒血症」（toxemia），這種病症以人
類懷孕而言是較特異的血液疾病。在他寫這本書時，大部
分產科醫師都和他的感覺差不多，也就是說，認爲增加過
多的體重是導致妊娠毒血症的原因。然而，今日醫生們已
瞭解事實並不是這樣的情形，增加過多的體重可能會導致

與生產有關的併發症，但是其中並不包括妊娠毒血症。

當然，醫生並非唯一關心體重增加的人；即將作母親的人——孕婦也很關心，但是二者通常是基於不同的理由。在我們社會所強調苗條的背景下，不難發現女人們都認為她們懷孕時很醜，因為她們把懷孕和「肥胖」聯想在一起。幾年前當我與準媽媽們在進行約談時「丈夫覺得妻子看來如何」常是孕婦們關注的話題，而且幾乎在每一個案例中，尤其是丈夫感覺妻子看來如何是非常重要的。很不幸地，在我的研究裡，她們的丈夫都吝於讚美她們。

> Fitz：我真是看膩了你的肥胖！
> Fran：我也是。

＊　　　＊　　　＊

> 面談者：你覺得Nancy是否仍然像懷孕前，你所見到的
> 　　　　Nancy一樣令人滿意呢？
> Norman：我不知道。她穿上衣服時看起來還不錯，在黑暗
> 　　　　中你看不見，所以也不差。
> 面談者：那你對這樣子的評論有何感覺，Nancy？
> Norman：她知道我說的都是實情。
> Nancy：我知道（LaRossa, 1977：142）。

不用說，即使準媽媽的丈夫（以及家人和朋友）以正常人看待她，她也未必可以免於他人的譏笑，因為她仍然需要和陌生人的反應抗爭。一個女人指出：

人們會像是無法置信地瞪著你看。懷孕的女人在別人眼中一定是最笨拙了，我不知道爲什麼，但是，我可以在街道上走著而人們就在那兒盯著我…我自己常在想，我的天啊，我一定是個怪物。而且看起來有點滑稽，但是眞正令我生氣的就像是你在少女時，男人對妳吹口哨，在當時是一種被羞辱的感覺（Leifer, 1980：25）。

在一篇研究中，陌生人不但會凝視一個明顯懷孕的女人，他們也會避而遠之（Taylor and Langer, 1977）。而男人較女人尤有過之的採取迴避的態度。例如，幾個進入電梯的男人，剛開始沒有留意那女人的「情況」，而當他們發覺時，他們就會很明顯地退後，並且快速地退到電梯較遠的一邊。這些研究發現也顯示，雖然準媽媽比以前獲得更多的自由——她們在公眾場合或電視秀中現身時也不再被認爲是沒品味（參看Sorel, 1984：83；Wertz and Wertz, 1977：79-80)——但是他們仍然被視爲怪物。換句話說，準媽媽們大都被如同身體有缺陷的人一樣的看待：「她們被瞪視、迴避，而且通常是不如她們身邊的『正常人』般的被看待」（Taylor and Langer, 1977：27）。

準爸爸們

發現他們即將成為孩子的父親以後，很多男人都很願意將生活焦點放在他們的妻子身上，他們則居於幕後，觀察與等待。少數想分享榮耀及興奮的男人都會被閃到一邊（我知道一對準父母的朋友提議為嬰兒舉辦一場賀禮贈送會，而已表達興趣想參加的丈夫卻沒被邀請（那對夫婦被告知嬰兒賀禮贈送會是「只有女人受邀」。

在是女人生孩子而非男人的前提下，這些情況對男人而言更似乎認為是「自然的」。但是，這種態度忽略了一個事實，即使妻子是唯一身體上懷孕，而丈夫及妻子則是社會的懷孕。社會學者也對準爸爸的被忽略感到愧疚。對照於大量關於準媽媽的研究，卻極少有關於準爸爸的研究報告。

準爸爸和準媽媽間的區別大致都如同你想到的。準媽媽看來很特殊；但準爸爸則不會。因此，準爸爸們不會如準媽媽般被人瞪視或迴避。懷孕的身體事實也意味著：準爸爸們在懷孕期間內，不需像準媽媽們般有任何程度的醫療接觸。而準媽媽和準爸爸間的相似之處又是什麼呢？如果我們集中在懷孕的社會面，我們會發現有很多類似的地方。可能最重要的相似點是，熱衷於事業的男人或女人，會傾向於認為懷孕是一種干擾，而且傾向於拖延或迴避接

受和即將逼近的父母身分相關聯的責任（McCorkel,
1964）。有位商業主管，當他聽見他的妻子告訴他，她已
懷孕時，這位主管被未來將成為父親的事實所嚇呆，他沒
有說任何話，轉身直直走入他的房間。而他的妻子則退回
臥房痛哭。約一小時後，先生走出房間，半真心地把手環
繞他的妻子，簡單地說，「我們可以應付得來」（Whelan,
1978：52-54）。顯然地，事業心重的男人及女人，即使有
興趣要孩子，仍然會擔憂他們父母的角色和事業間會有潛
在的衝突。

　　第二，當他們發現即將有個孩子時男人就像女人一樣
會感覺很驕傲，這是絕對可理解的。知道你能讓妻子懷有
孩子是一件令人高興的事情──這表示你的生殖器官是正
常的，而且你正面臨成為人性重要的一環。空虛也和此有
關聯。知道你即將要複製一個你自己，即將有另一個你會
令人稱羨，這是個令人陶醉的想法。

　　女人可能將她們生孩子的能力視為某種令她們堅強及
有權威的事情。因此，同樣地，男人傾向於將他們的生育
能力視為他們的精力及權勢的象徵。我曾訪談過一位男
士，他說看見他的妻子懷孕使他「感覺有點像金剛」
（LaRossa, 1977：144）

　　因為女人是在懷孕期間內懷著胎兒的人，所以很自然
地，她們會假設胎兒是她們的而非先生的。但是，同樣的，
丈夫也會做出類似的資產聲明。在古時候人們相信在一個
精子內住著一個縮小的人（稱為極微人homunculus），在

一個女人的子宮內等待長大。換句話說，認爲準媽媽只不過是那個男人孩子的孵卵器（Eccles, 1982：37）。約十年前，歌星兼詞曲家Paul Anka就因爲他錄製一首曲名爲〈你懷有我的孩子〉暗示了對於懷孕的男人沙文主義而備受批評。很多女人覺得這首歌曲名稱及歌詞都有攻擊性，因爲它們暗示孩子是屬於男人的。最後，就如同他的妻子，準爸爸經常被描述爲無能力的小孩。

> 很典型地，準爸爸常被描述爲衣服是向後穿——也就是說，他是因爲要趕赴醫院；車子會發不動而且甚至還迷路；就算當他終於抵達之後，需要一部輪椅的可能是他自己（Whelan, 1978：156-157）。

儘管如此好笑，準爸爸的特殊情形也常使他們處於社會懷孕經驗外，而且在有些情形之下，還會使他們在妻子最需要他們支持時，剝奪了他們支持妻子的機會（Kitzinger, 1978：77）。

懷孕和婚姻

懷孕爲夫妻關係帶來什麼影響？這是一個現今愈來愈多人會問起的問題，第一，因爲今天人們會結婚所有的誘因是結婚可以在情緒上令人滿意（因此，任何可能改變好的婚姻就有需要受到仔細審視的必要）；而且，第二，理

論上來說將家庭視作一種系統（因此，婚姻就如同系統般，可於懷孕期間內改變）。

性關係

對大多數的夫妻而言，懷孕會減少性的慾望，也減少性交的頻率。在懷孕最後的三個月，一般來說，是性慾及活動最低的時候（Calhoun et. al., 1981）。

很難說明爲何懷孕會導致婚姻性關係的衰退。我所進行的一項研究指出，準父母親們說出了十九個不同理由或辯解來解釋爲什麼他們的性生活改變（LaRossa, 1979）。當給予人們有機會爲其行爲找藉口時，基本上他們都是說目前發生的事是很糟的，但都不是他們的錯。當給予辯解機會時，他們會對目前發生的事負起責任，但是聲明情形並非如所呈現的那麼糟（Scott & Lyman, 1968）。有一對夫妻他們的藉口並不是怪罪於某事（第一類型的藉口）就是某人（第二類型的藉口），而他們的辯解則指出不是自我實現（第一類型的辯解）就是優先權（第二類型的辯解）。**表3.1**提供了由十六對夫妻樣本其中十二對所提藉口及辯解的分析。

因爲此項研究中夫妻數太少，所以**表3.1**的藉口及辯解的分佈尚不足代表任何特定的人口。然而，此研究背後的比率並非去調查即將爲人父母的性態度，而是提出假設供將來研究之用。你看，大多數懷孕期的性研究，主要都是集中在性慾或行爲的改變而很少或甚至根本沒注意到這些

表 3.1 懷孕期間內改變性生活原因的次數分配

原因類別	（丈夫）	（妻子）(N=12)*
第一類型理由：生理的／解剖學的		
妻子太疲勞	2	1
妻子生病，(想吐，嘔吐)	2	
妻子性慾減低		2
心靈上想要多，身體上要少		1
妻子身體太大及笨重		2
妻子荷爾蒙改變		1
第二類型理由：傳記的／社會文化的		
妻子不吸引人的或不性感的	3	6
擁有性是遭天譴的	1	1
性是生殖之用	1	1
母親身分和性的衝突	2	
嬰兒在場的感覺		1
書本教導不該有性		1
醫師教導該停止		1
受到父母親或社會的影響		1
丈夫不留意妻子的感覺		1
第一類型的辯解：自我實現		
夫妻覺得親近，毋需性	2	1
精力已傳輸給孩子	2	
第二類型的辯解：優先權		
怕傷及孩子	3	6
怕傷及妻子	3	2

SOURCE: Ralph LaRossa (1979) "Sex during pregnancy: A symbolic interactionist analysis." Journal of Sex Research 15 (May): 119-128. Reprinted with permission from the Society for the Scientific Study of Sex.

* 總共超過 12 欄位因爲主動提出的原因不止一個理由。而理由的數目所提供的範圍是由 1 到 10 (平均數爲 4.6)。

情慾或行爲改變的原因。

　　但是如果有興趣瞭解懷孕的社會事實，我們則無法忽視這些理由，因爲準父母親提出，他們對性的興趣及行爲有些是部分懷孕本身的社會事實。

　　理論上而言，這些藉口及辯解是聯合的動作，這些辯解策略是用來縮短一般規範及個人行爲間的差距 (Stokes & Hewitt, 1976)。因此，當人們提出藉口或辯解時，他們其實已默認一種破壞行爲已發生，而且希望他們的解釋可以彌補其差距。這可由我的研究中看出，我從不問這些夫妻爲什麼他們的性生活會改變；我只問他們是否有改變。換句話說，大多數的夫妻會提到他們性趣及性交的衰退，然後，他們本身會主動地，繼續提供其衰退的藉口及辯解。間接地，夫妻們就會溝通，在他們的心理，婚姻的性衰退和婚姻的基準是有衝突的，因爲其間「性」不僅僅只是容許，而是必需的 (Broderick, 1975)。而且，他們還希望我能夠體諒他們的藉口及辯解，而不要把他們視爲「怪異的」或「不正常的」。

　　要瞭解「性」在懷孕期間所扮演的角色，實際上可由夫妻面臨應付性活動困難的改變而加以印證。一旦妻子發現她懷孕，她會開始拒絕她丈夫的求愛，而且不告訴他原因（也就是說，不提供藉口或辯解）。沒有妻子的任何解釋，做丈夫的（他，如果是個卡車司機，常在一天中的精華時段離家工作）也會開始自己找解釋——而有些他自己想出來的理由會著實地令他非常生氣。

Fran：我看起來一定好像正要出城去玩？

Fitz：我也這麼想過！你外出工作八小時，而且你會在那
　　　裡想著「有某人和她在一起」，這種想法真的會在
　　　一個男人的心裡出現，我駕著我的卡車往北邊行
　　　駛，而且有時早上四點就出門工作，一直到晚上八
　　　點才能回家。現在我在這裡，駕駛著卡車，就會想
　　　起某人在我的家裡。這種想法真的會出現在心裡。
　　　而且你回到家，你過去想親吻她，她卻把頭轉開。
　　　我的天啊，那就好像你回家來只是來睡覺。這情形
　　　持續兩、三週後…然後你就會有個想法：「那是我
　　　的孩子嗎？」真的，我在那三週內，真的有一些怪
　　　異的想法（LaRossa, 1978：9）。

　　如同Fitz所指出，這種危機只持續三週。而打破僵局的
是Fran的恐懼，她認為Fitz會強暴她，因為想抵擋他，所
以她以為行為找藉口的說她的性慾減低，並聲明她怕會傷
及嬰兒來辯解其行為。Fitz被安撫了，只要他知道他妻子為
何迴避他，他就可接受懷孕期間內不和她做愛這個事實。

　　順便一提的是，目前的醫療主張懷孕期間的性關係既
不會傷害母親也不會傷及胎兒。但是夫妻可能必須較有創
造力，因為有些他們所喜歡的姿勢，可能都不太舒適，只
有很少的夫妻被告知要完全禁止性關係（Birch, 1982）。
這些案例都表示，由醫學的觀點上來看，列於目錄3.1上的
很多理由都是不確實的。最重要的是，由社會學的角度來

看，準父母們是否相信他們自己的動機。在社會世界裡，如果人們定義這些情況是眞實的，他們會認爲那就是眞實的（W.I. Thomas, 摘自Blumer，1939）。

情緒的親近

你可能會認爲隨著他們性活動的衰退，準父親及準母親會抱怨他們婚姻的品質已開始惡化。但事實上，大部分的準父母親們會反應懷孕期間會使他們的婚姻變得更好——他們感覺更親密、更結合在一起（Lederman, 1984; McCorkel, 1964; Shereshefsky and Yarrow, 1973）。

當然，有些夫妻只會說出一些他們希望是眞實的情形。一旦發現婚姻生活受困，他們可能會假裝他們的婚姻有改善，並且做出每件事都並不太糟的結論。在我的研究中，有三個人說他們性活動的衰退並不是個問題，因爲他們的婚姻變得如此親密也是屬於這一類別。然而，對於他們報告親密關係增加的爭論，大部分是他們說謊或者和他們自己開玩笑是錯誤的，因爲有很多和懷孕相關的事情是眞的會對婚姻生活的品質有影響。

首先，懷孕提供夫妻一個共同的焦點。計畫需要準備、嬰兒用品必須採購、名字必須選取，這些責任的每一項都提供丈夫及妻子機會，共同分享彼此的想法、希望及恐懼。第二，丈夫傾向於對他懷孕的妻子更加關懷。也就是說，他傾向於會表現出異於平常的體貼及善體人意。這個「關懷的準父親角色」並不是最近的發現；相反地，已經存在

有一段時日了。在十七世紀時，

> 懷孕女人的情緒，被視爲和自身的福利及未來孩子
> 的福利有著密切相關。她們的丈夫都很喜歡以某些
> 言語表示其同情，並提供任何她們想要的東西 (Fox
> and Quitt, 1980：35)。

最後，很多夫婦都把胎兒視爲他們二人愛的具體表
現。因爲有些人根本認爲孩子足以強化婚姻的結合。

雖然大部分的丈夫和妻子們會覺得在懷孕期間內關係
更緊密，但是並不是每個人的婚姻都以同樣比率在改進。
一般來說，愈是以家庭爲重的人，他或她的婚姻就變得愈
親密 (Goshen-Gottstein, 1966; McCorkel, 1964)。而
且，一對夫妻的婚姻愈是平等主義的，婚姻就會變得愈親
密及愈整合 (Grossman, et al., 1980)。

家裡的勞力分工（家事）

研究指出家庭中的勞力（就是誰準備飯菜，誰洗碗，
誰割草）在懷孕開始之時不會有多大影響。已發現有些準
父親們會比過去做更多家裡的事情，也發現準母親在家中
會做較少的事情。但是資料顯示準父母親們並未明顯地改
變他們家務分配的方式 (Entwisle and Doering, 1981：
35; Oakley, 1980：132)。

丈夫及妻子在這方面沒有改變是很令人驚訝的。因爲
你會想到懷孕的女人總是扮演著生病的角色，她們因而免

除了許多家庭的責任。有一種解釋是準母親確實執行較少的家務，但並不是讓丈夫付出代價；而是他們可能會允許房子變得比較髒，餐點會吃完不會剩下的機率更多。另一種可能是，即使有例外，大部分的準母親仍希望繼續像從前一樣的煮食及清洗，因為不這樣做的話就表示她們接受自己是生病，這也是她們很快就不必去扮演的角色。而且還有第三種可能是就是丈夫們不願意改變，他們比較喜歡她們的妻子們──不論懷孕與否──繼續做大部分的家事，當他們發現他們做了很多或做超過他們認為必需或渴望的事，他們會傳達這個想法。以下就是這種觀點的案例。

　　就像許多孕婦的先生，Daryl期望他應該能在家附近幫忙太太。很明顯地，Daryl不期望他像他太太所期望要經常幫她忙的企圖。所謂的經常性，我指的是從破例（而且因此值得認同）到一般習慣性的定義。例如，在懷孕前Debby會把衣服帶上山，並開車送至洗衣店洗（「上山」是因為他們的房子座落在一個小峽谷）。因此，她要求Daryl做此事就是一個破例，而值得認同（「感謝你做一些你正常來說不必去做的事」）。但是，當她懷孕時，而且尤其是到懷孕後期當她肚子變得愈來愈大時，Debby看來似乎認為Daryl把衣服帶上車是理所當然，因此他的幫助應能變為常態。Daryl意識到這種情形，而且明顯地對現狀的改變感到憤怒，而要Debby做個解釋（再次的注意，合作行動的重要性）。

Debby：要洗的衣服實在是太重了。

Daryl：哦，我知道。

Debby：當要把該洗的衣物帶到那麼遠，而且試著帶著洗
　　　　衣籃會顯得非常非常笨拙。當你把該洗的衣物拿
　　　　靠近你時，身體會不太有平衡感。

Daryl：是的，但是你仍可以去做。

Debby：我是可以做。

Daryl：那麼，為什麼你不做呢？

Debby：為何不讓你來做呢？

Daryl：我不知道，我只是想知道你為什麼不做。

Debby：我就是不想做。而且，這也是可以不用去洗衣店
　　　　的藉口。

面談者：所以你一直就做較多的送洗衣物的工作，是嗎？
　　　　Daryl？

Daryl：不，我一直在做這件事。但是幾個月以前，上山來
　　　　時，她會把衣物帶上山。現在毫無疑問地，我必須
　　　　把它帶上山 (LaRossa, 1977：46-47)。

　　　Daryl和Debby的對話提示另一個研究的發現，也是
懷孕期間家務分工的另一種改變。對於家庭中勞力分工的
研究幾乎總是集中在大部分的家務，例如洗衣，但是忽略
相關的工作，例如把送洗衣物帶上車。在Daryl及Debby的
婚姻裡，誰送洗衣物並沒改變，誰把送洗衣物帶上車這情
形卻改變了。因此，他們如何劃分家事已有改變，但是並

不是以一種標準調查所需值得注意的方式。研究人員可能無法在懷孕期間內家務分配的改變中找到珠絲馬跡，因爲他們所使用的方法對於細微至誰做什麼事的變數並不敏感。

婚姻的權力

在任何婚姻或其他關係中，權力的平衡是兩個互相關聯因素的一種功能：包括意識型態（ideology）和倚賴（dependence）（Scanzoni, 1979）。意識型態指的是對人們所描述的權力的一種信念。例如，如果一對夫妻認爲丈夫應當是一家之主，通常這樣認爲是因爲他們的宗教明諭做丈夫的應該如此，那麼這個丈夫將有很好的機會在婚姻中有較多的權力。倚賴指的是人們多倚靠別人。一般來說，權力和倚賴是有種反關係。你愈是倚賴某人，你對那個人就愈沒權力。因此，如果一位妻子不僅是在經濟支助或在社交情緒的支持都倚賴她的丈夫（例如，她極度需要他的感情及愛），那麼，這位丈夫再一次的在這個婚姻裡有更好的機會來擁有較多權力。

在懷孕期間內會發生很多的事件來改變婚姻權力的平衡。一對夫婦可能認爲一個懷孕的女人是被迫，無法清楚地思考，而非常需要某人（例如，她的丈夫）去指導她。如果眞的如此，婚姻的權力就會大多數都移轉給丈夫。女人在懷孕末期很可能會想要成爲全職的家庭主婦或母親，如果這代表她將在財務上倚賴她的丈夫，那麼她很可能對

於她配偶的權力又失去了些。舉例來說，一位妻子即將放
棄工作的準父親會感覺他因此而得到了權力：

> 她將成爲家庭主婦，而我將成爲主要養家的人。這使
> 我就養家而言升了一級，並且在財務方面也比較有
> 發言權…因爲我將是唯一養家的人，我的權力將有
> 些微的上升 (LaRossa, 1977：79)。

這種特別的丈夫會比大多數人對妻子的新角色更加敏
感。在懷孕末期，妻子已停止工作後，有時丈夫會氣惱妻
子每隔一段時間，就接到從前同事（譬如，「檔案在哪
裡？」）打來要求協助的電話。事實上，他會氣得想要訴
諸暴力。

> 如果他們再打來這裡…我將告訴他們，「嘿，你最好
> 現在把電話掛斷，而且如果你再打來，我將打歪你的
> 嘴」 (LaRossa, 1977：82)。

有一種可能性是這些暴力威脅其實是針對他的妻子而
產生，他承認曾打過妻子一次，當她想要「支配」他時
（「我很生氣而打她的臉三到四次」）。我提到暴力，是
因爲研究顯示女人在懷孕期內似乎較常被丈夫凌辱
(Gelles, 1975; Giles-Sims, 1983)。因爲暴力 (vio-
lence) 和權力 (power) 是互相關聯的——暴力通常是
當其他策略失敗時 (Goode, 1971)，所用以維持或取得
權力的方法——這個發現顯示當女人懷孕時就是處於「危

險中」（at risk），也暗示著在懷孕期間內權力的鬥爭是非常平常的。一個人只能希望未來——因為女人愈來愈不會倚賴他們的丈夫，而男人也開始瞭解到女人並不是處於挨打的狀況——懷孕期間內權力的鬥爭將會變少，而對準母親（及一般的母親）的暴力也將不再存在。

結論

　　成為父母意謂著必需經過一個社會的及生理的懷孕。而此兩種情形而言，其過程都有高低起伏。而懷孕的社會事實是孕育於歷史中。因此，當他們歷經懷孕時所發生在男人及女人的事，大部分是他們經歷的功能。簡單的說，今日對的事在昨日或明白都不一定是對的。

　　準父母親們經歷了相同的事。兩人都關心嬰兒將會如何改變他們的生活，兩人都想對他們的生殖能力炫耀其驕傲及重要性。至於不同之處，是準母親在這個社會裡，具被尊敬及鄙視這是很矛盾的情形，但也藉以說明為什麼如此多的母親對懷孕是既高興又難過的。另一方面，準父親們或許會對其角色開玩笑或是變得糟糕，或者會忽略；不論喜歡與否，一般來說，他們必需滿足於擔任一個支持而非主角的社會角色。

　　懷孕不僅會影響丈夫及妻子對他們自己的想法，它也影響到人們對每個人行為的看法。研究指出，在懷孕期間

伴侶之間較少有性關係，但同時也覺得和伴侶間關係更親近及緊密。目前也發現發生了在工作上微妙及複雜的改變，以及家裡權力結構的變化。

很可惜的是進行有關懷孕社會學的研究極爲少數。我認爲如果我們對於此信念專注較多，而非只注意家庭生活週期的重要層面，今日我們會知道更多有關於婚姻的延續及改變。

問題討論

1. 什麼是社會性懷孕各階段的明顯特性？
2. 準母親和準父親二者的社會事實有何不同？他們又有何相同點？
3. 懷孕對夫妻間關係有何影響？在婚姻中改變哪些？沒有改變的有哪些？爲什麼？

建議作業

1. 訪談一位目前正懷孕的女人。把她的經驗和本章所說的做個比較。
2. 訪談一位妻子懷孕的丈夫。把他的經驗和本章所說的做個比較。

3. 選一個過去的十年（例如：一九四○，一九五○，
　 一九六○年）並找出在那個特定十年內，針對懷孕
　 主題最受歡迎的兩本雜誌，看看那時所說的在今日
　 是否仍被視爲有效。

註解

❶九個月──或，更準確地，38至42週──是人類胚胎平
　均的妊娠期。根據《金氏世界紀錄》（*the Guinness
　Book of World Records*）（McWhirter, 1984），哺
　乳動物的最短及最長的妊娠期分別爲12至14天（南美的
　水袋動物（South American water opossum））及
　超過20個月（亞洲象（Asiatic elephant））。

第四章
生產

　　如果你曾經有機會目睹一個孩子的誕生，你會知道當我說出生的生理現實是既可怕、又粗陋的經驗是什麼意思了。想想看，在幾秒鐘之前，這個小小的人甚至還沒呼吸，而且在九個月前他或她甚至不存在…，正如我說的，這是個值得一看的景象。

　　但是出生的社會現實又是什麼呢？而環繞其周圍的規範、價值、信念，及互動模式是什麼？以及它要到什麼程度，才可用以定義生命的奇蹟呢？它就是這個出生的「另一個事實」──社會現實──我打算在本章仔細討論。

　　首先，我將回顧美國孕婦保健的歷史及政策，而且以歷史及政治藍圖為背景，繼續描述出生過程的三個步驟──陣痛（labor）、分娩（生產parturition, delivery）及分娩後（postpartum）──是以社會以及生理的獨特事實為架構而產生。

孕婦保健的歷史及政策

出生在殖民時期的美國

　　讓我們回到十七世紀，並一窺美國其中一個殖民地——麻塞諸塞州（Massachusetts）的出生❶。一位22歲且即將要生第一個孩子的女人，她已經結婚16個月，她的名字叫做Mary。Mary不是在醫院待產，而是在她的臥房內待產，由許多女性朋友及親戚所環繞，她們的心理支持是她最珍惜的力量。在房內，每個人都以愉快的心情說話及吃著東西。出生所激發的團結，是女人所企盼及所高興的。

　　無可置疑的，Mary是那尚未開幕戲劇的主角。每件事及每個人都把焦點放在她身上。然而，還有一個重要的人物，另一個人，他的出現被認爲是必要的。那個人不是醫生，也不是Mary的丈夫；在十七世紀，並不期待醫生及準父親去協助孩子的出生。那個重要的人物是一位年約四十五歲的女人，她是個助產士❷。

　　她已幫助接生了成千個孩子，助產士能夠運用豐富的經驗，而且肯定地她是在整個過程中最受尊重的人。她的「生意工具」：在衆多其他東西之中，包括很多傳統民間藥方及可摺疊的便盆，以方便Mary把孩子推出時可以坐起來，而非以背爲倚靠。

助產士認爲——而且她是對的——坐起來對Mary而言是較好的生產姿勢，因爲以此姿勢，孩子的頭會壓迫到Mary子宮的頸部，打開產道。如果Mary是躺下，嬰兒的重量則會壓迫其脊椎，這不但會感覺不舒服，也會是比較不健康的（Rothman, 1982：81）。

也許助產生帶入這個家庭中最有價值的「工具」是她所注入給Mary的信心。助產士把自己的工作認爲不是干涉，而是自然去發生，她盡可能的去幫助Mary分娩孩子。至少，這是在人工生產時代鼓勵助產士該採取的態度。舉例來說，

> 助產士必須指導孕婦及使她舒適，不但以佳餚及飲料使其提神，也以甜美的語言使孕婦對快速分娩抱持著大希望，鼓勵及勸告孕婦要有耐心及忍耐，吩咐她暫時吸住氣，以手撫摸肚臍之上的肚子，因爲這樣可幫助嬰兒順利的出生（頭向下式）（Raynalde, 1626：97）。

生產完，Mary將「坐月子」（lie in），意謂著她將留在床上至少3到4個星期休養，而她的朋友或親戚則會替她做家事及準備餐點。女人們並非收錢而提供服務，但Mary會在她恢復後爲她們舉行個晚餐聚會。而且，如果換成是她們要生產時，她們可以期盼Mary來協助她們，事實上，有很多女人是在回報Mary曾幫助她們作產後復原。

在殖民地的美國，幾乎每個人都認爲生產不是一個醫

療的過程,而是由女人「擁有及操作」 (owned and oper-
ated)。這些描述是比較典型的 (參考Wertz and Wertz,
1977：1-28)。而發生在十八世紀後半期的事情,則永遠改
變美國生產的形態。

醫療化的生產

在殖民時代,美國和醫藥世界是隔離的。沒有醫藥的
學校或醫院,就如同在歐洲,醫生所到之處並沒有得到像
今日醫生所受到的尊敬。然而,約在1750年,這種情形開
始有改變。有愈來愈多渴望成爲醫生的美國男人,進入歐
洲的醫學院就讀,然後再回美國行醫 (我只說男人,是因
爲女人不准進醫學院的)。歐洲訓練出來的醫生在知識及
技能的灌輸對於美國社會中健康專業有很大的影響。簡單
的說,它改變了美國人對此行業認知的方式。在歐洲,這
些新醫生被教導視醫療行爲爲一種科學,他們參加解剖學
及生理學的課程;在法國,他們尤其被教導把身體視爲一
個機器。當他們回到這個國家並開始他們的實習時,他們
盡一切努力說服美國大眾相信科學方法對健康保養的價
值。爲了一件事,他們眞正地相信科學方法,他們眞的覺
得用此方法可以幫助人們。也瞭解到促進以科學方法做醫
療保健,可提高醫生在社區的立足地位,人們愈是把健康
保養視爲一種科學;他們愈是會選擇在歐洲受過訓的醫
生,而非其他開業醫師。

在今日對醫療保健是醫生眞正的獨家生意的情形下,

想到醫生必須「銷售」他們的專業技能，你可能會發覺這是蠻奇怪的事情。但是在缺乏有效的執照管理制度下，十八世紀時代的醫生會被迫以各種藥方來競爭。雖然有些藥方很明顯是無效的、而且缺乏技術的。儘管他們缺乏正規的教育，但是這些本土醫生卻對以科學為念的醫生造成經濟上的威脅。

這些對美國方式的生產有什麼影響？這影響力是很大的。以科學方法實行醫療保健的介紹，就是醫療化生產的第一步。把身體看作是機器的概念似乎與生殖過程有一致性「就像一些醫生談到，胃的功能就如同一個像刀剪的機器在粉碎食物，所以…（歐洲受訓過的醫生）談到子宮和產道就好像是一種機械的幫浦，在某種特別的時間，或多或少的足以將胎兒驅逐出體內」（Wertz and Wertz, 1977：32）真的，醫生所帶回的對生產的新見解，可能就是他們能給病人最好的「醫藥」了。事實上，生產的機械模式，比當時其他任何一種受歡迎的模式觀念上都還要正確。生產的事實是如此普通，但也解釋了為什麼本土醫生想要把生產包含於神秘的面紗下。因為這一種經常發生的活動，可以為他們帶來可觀的收入。更何況，他們知道如果他們執行成功，他們還很可能會受邀成為家庭的固定醫師。

有關鉗子的辯論

用「表演」（performance）來描述醫生所做的事是

非常合適的，因爲它加重了在生產過程中，在歐洲受過訓醫生所扮演積極的角色。如果你記得，當我描述Mary的助產士在Mary的生產過程所採取的方式，我強調她要求共同合作的姿態。她的工作，就如同她自己對此工作的看法，不是去干涉生產過程，而是幫助此事件發出自然的結果。生產的科學方法則不僅暗示生產可經由理性的想法去瞭解，也可經由理性的行爲去控制。

也許在歐洲受過訓的醫生最可能採取的「理性」(rational) 行爲的最好的例子，也是在當時很明顯地去區分男助產士和女助產士的行爲——就是使用鉗子。鉗子是十六或十七世紀由理髮院外科醫生，Peter Chamberlen所發明。鉗子是一種類似二個大型面對的湯匙所組合的金屬工具，它們是設計用來插入產道並夾住嬰兒的頭部，一旦用上了，就必須努力操控，把嬰兒自母親的子宮內拔出來。鉗子並非是生產中第一樣被用到的器具。幾世紀以來，各式各樣的器具（棍子、刀子、鉤子，以及其他）都曾經被用來移走障礙物或抽出死的胚胎。但是鉗子是第一個經過設計來用以解脫胎兒而非殺死他的器具。在有產鉗之前，一個胎位不正的嬰兒，通常不是嬰兒就是母親或者兩者都會在生產過程中死亡。

不幸地，鉗子的發明開始並未明顯地減少嬰兒或母親的死亡率。首先有一世紀的時間，Peter Chamberlen及其家庭把這個發明當作是秘密，他們宣傳只有知道如何安全地去除胚胎的影響，他們才能夠打敗他們的競爭對手。第

二，使用鉗子的人並不見得真正知道如何適當地的使用它們，以機械抽取嬰兒的頭部涉及很多的危險。如果你不是確切地知道你在做什麼，你可能會捏碎孩子的腦殼，並對母親造成內在損傷。雖然在歐洲受過訓的醫生可能有比較多數的人知道女性人體解剖，但他們仍有許多要學習的事物。因此，很多在殖民時代的和生產關聯的死亡及受傷，常可歸咎於器具的使用不當。

男、女助產士對鉗子使用的歧見集中於何時才使用。換句話說，在生產過程中，何時是企圖使用鉗子分娩的合法時機？雖然有些助產士（男的或女的）認為鉗子是絕不能用的，然而大部分的人認為鉗子能夠使用，而且只能做為最後的手段。然而，男助產士比女助產士更傾向於在陣痛的早期進行干涉，而且有些男助產士深信使用一個鉗子幫助分娩，事實上，比自然生產要安全得多，因為它減少了母親分娩陣痛的時間。

要解釋為何男助產士──尤其是歐洲受過訓的醫生──較女助產士更倚賴鉗子，這需要對於十七、十八及十九世紀美國醫療保健的社會現實有一些了解。你可回憶那位我所指出發明鉗子的人──Peter Chamberlen──他是個理髮師兼外科醫生。把理髮師和外科醫生放在同一類別是很奇怪的，而更奇怪的是想起一個理髮師發明一種用以幫助嬰兒生產的器具，但是，上溯至一七四五年理髮師和外科醫生是屬於同一工會或商業聯盟（Starr, 1982: 38）。而且只有他們，有法律的權力去使用外科手術的器

具。因此，如果因爲某些原因使母親不能自然地分娩其嬰
兒，民間風俗驅使那助產士叫進一個理髮兼外科醫生，以
手術方式在子宮內切除胎兒。助產士，換句話說，是不容
許於生產過程中以手術的方式干涉的人。在理髮兼外科醫
師是唯一允許做外科手術者的時代，那麼一個理髮兼外科
醫生會是第一個發明出鉗子就不足爲奇了。事實上，男人
發明鉗子也不足爲奇，因爲女人是不可以成爲理髮兼外科
醫生，所以也因此被禁止使用外科手術器具 (Rothman,
1982：52-54)。女助產士較不可能用鉗子的另一個理由是
在法律上，他們還不被允許去使用它們。

　　然而，法律並非唯一阻撓女性使用鉗子的事，因爲即
使是法律改變了，大部分的女助產士仍拒絕使用該器具。
另一個──或許更重要的──理由解釋她們較不可能使用
鉗子的是她們承諾要用一種非人爲干涉的方法。

　　就她們所關心的而言，女助產士無法看到此種步驟的
價值，她們認爲鉗子不僅是無效率的而且是危險的。一位
十八世紀的助產士聲明道：

　　有極少數的助產士，迷惑於那個時髦的器具…企圖
　　想使用它們（但是）很快地發現它們是危險且微不
　　足道的替代品，因爲他們的雙手可以更確定手術安
　　全地的執行，且更有效，並對病人而言比較沒有痛苦
　　(Nihell, 1760：167n)。

　　雖然，女助產士們仍繼續喜歡自然的生產，但男助產

士及在歐洲受過訓的醫生卻愈來愈喜歡用鉗子來協助分娩或其他干涉生產的法（例如，用藥物加速分娩陣痛）。首先，他們認為人工的控制生產是和科學方法同步。由於他們對此事的看法是如此，認為他們的工作是減少分娩陣痛時間以「改進」自然生產法，所以假設它是可以節省嬰兒及母親許多的壓力及痛苦。與其讓母親接生自己的孩子，還不如說，如果可能他們會接生這孩子；與母親比較起來他們好像才是真正主其事者。

男助產士和醫生都發現，一切在掌握中的想法是更吸引人的。他們對專業的自我價值感，似乎可由他們在生產的每一階段所扮演的主角角色的這種想法而得到支持。在一八二〇年代晚期，醫生對於自我形象的觀念改變。他們決定廢除「助產士」（midwife）名稱而代之以「產科醫生」（obstetrician）（追溯至此點，即使產科是由一位和醫學院相關的醫生來實行，產科仍是眾人所知的助產）。醫生們所追求的是一個可以使他們和競爭者區分的頭銜，同時，也要能彰顯他們干涉生產的方式。

> 「產科醫師」（obstetrician）是由拉丁語意謂「以前忍受過」（to stand before）演變而來，被選用的原因是因為它有聽起來像其他光榮行業的好處，例如「電氣技師」（electrician）或「幾何學家」（geometrician），是瞭解許多知識，而且可支配自然的（Wertz and Wertz, 1977：66）。

　　最後，很多助產士及醫生都發現有一種干涉的方法是比另一種非干涉的方法更有利。他們很快地便瞭解到一件事，那就是如果他們讓生產自然地進行，那麼很可能會耗費數小時只為了一個生產的過程；但是如果他們使用鉗子，他們可以到現場後，快速地接生嬰兒，然後再轉移到其他已付費的產婦家。使用鉗子或其他干涉品也通常是被誇張的。如果他們出現並做一些事讓分娩發生，醫生們也知道他們會因此而造成人們對他們有更好的印象（而事實上是更多錢）。事實上，有證據顯示：有些醫生即使當他們知道那個女人可以自然生產，他們還是會用鉗子接生，因為他們不想被看起來只是一個旁觀者。另一位醫生認為，這樣的後果造成人們開始視生產是某種不經過干涉就無法進行的醫術。換句話說，女人——尤其是中、上階層的女人——開始深信，如果醫生在產程中不干涉的話，可能某些事會不對勁：因此，「女人開始期待難過的生產，不論醫生的呼籲可能只是推銷他們自己的一種方法。曾看過『最好的』，不論她是否需要，也許每個女人想要『最好的』為其接生」（Wertz and Wertz, 1977：64-65）。

生產的去女性化

　　男助產士和醫生瞭解到他們的財務利益必須先去除來自女助產士的競爭，這樣才可以獲得最大利益。這個想法是不久前的想法。因此，十九世紀初期男助產士及醫生們開始嘗試去詆譭女助產士——不是指出她們缺乏正統的訓

練並執著於傳統的（落伍的）方法；就是以宣稱助產讓「女人」涉入是件殘酷的職業；要不然就是描述女人是軟弱及不理性的而無法將工作處理好。

以性別爲主來攻擊女助產士，其實是一件諷刺的扭曲。因爲當男助產士及醫生們開始行醫時，事實上，他們是男人也明顯地被認爲不利；人們不願允許男人助產，因爲在過去這一直是只有女人才做的事。在一五二二年，一位德國的內科醫生，因爲假扮爲女人以便觀察生產而被判火刑（Myles, 1971：698）。然而，現在換成男人在說女人沒能力做助產士。除此之外，女助產士被貼以太情緒化的標籤，女人被說成能力會受限於她們的月經週期──「她們性別上週期性的衰弱…不適合她們做任何有關心智方面的工作」（Storer, 1868）。正如同一本小冊中寫道：

> 她們（女人）沒有行動的力量，或那種心智的積極力量，這些力量是一個外科醫生行醫所必備的。她們對同情的限制及管理的力量都較差，而且，更易於陷入敏感力的表達…一旦她們成爲主要的代理人，對於需要冷靜判斷的工作而言，女人富有過多的同情心是無法勝任的（不具名者，1820：4-6）。

在此以及其它任何攻擊性的文章中所暗示的想法是：助產士應該是個技術人員。因此，我們可看出一種對生產採干涉的態勢，對於男人努力想將女人除名於助產或產科

之外是很有幫助的。

　　雖然男人對此事的宣傳是無聊且單純簡單，但是人們卻很相信它，而且在極短的時間內——自一八〇〇至一八三〇年間——大多數中階到高階的家庭都將其對女助產士的忠誠度轉移至男助產士的身上（女助產士仍繼續幫助低收入及移民家庭，一直至二十世紀，一方面是因爲這些家庭無法負擔聘用一位男助產士或醫生的費用；一方面也因爲很多男助產士或醫生只偏好醫治中高階收入的病人）。女性在生產過程中的除名，更方便醫生開始遊說將所有的助產士——男性及女性——排除於產科醫療行爲外。因爲，女人是不被允許進入美國醫學院校的，一旦生產被定義爲是一種醫療的專長，許多很有資格的女人也被禁止成爲產科醫師。

由家裡到醫院

　　醫療院所對於產程的控制一直到一九〇〇年代才進入最後階段。你看，所有的助產士及醫生都在爭論誰該接生時，只有一件事是非常重要且保持不變的：那就是生產是某些女人偏好在家裡做的事。可確定的是，在十八世紀時英國有產科醫院，但它們主要是「爲貧窮、無家可歸的人，或工人階級不能在家生產，或被醫生及慈善家認爲應該接受醫學治療；以及需要在精神鼓勵的氣氛下康復的人——在家坐月子被想作是只有幸運的女人才享有的」(Wertz and Wertz, 1977：132)。

　　然而，情形將要改變了。在一九〇〇年只有不到百分之五的美國女人是在醫院生產的，到了一九四〇年，這個數據是百分之五十，而到今日則是百分之百。

　　為什麼有此改變呢？有許多因素涉及其中。像醫生變得愈致力使用生產干涉法，他們愈來愈相信沒有一個「正常的」而不麻煩的生產。他們採用Murphy's Law的態度面對生產——還有什麼可能會錯或將錯的——他們得到一個結論是，最安全的生產場所是醫院，因為只有在醫院裡，醫生有設備而且有人可以「執行」技術性的接生。

　　雖然對安全性的認知是產科醫生致力於醫院生產背後的理由，但它絕非是唯一的理由。醫生們都被醫院的方便性及聲譽所吸引才是主因。在一個中心地點照顧病人遠比挨家挨戶拜訪要方便許多，尤其當你想起有產科醫生所倚賴使用外科手術的用藥及工具有愈來愈多要去分類時，醫院方便多了。而且，在醫院設施下訓練學生也容易得多。除了可以幫助醫生外，學生們也有機會看到「在實驗室的狀況下」所見的各類情形。最後，產科醫生發現在醫院內工作，他們會顯得更有權威。當他們去人們家中接生時，他們通常必須順從於家庭的期望；但在醫院時，每個人必須迎合他們。

　　認為醫生強迫母親們採用醫療模式的生產這個結論是錯誤的。因為事實上，是女人自己本身促使此模式的轉變。舉例來說，女人就是最初給醫生壓力促使他們開始使用藥物以減輕女人生孩子的痛苦，或在分娩期間可使母親較無

知覺以避免痛苦。

有一種藥物是受到女人的努力使用且特別受歡迎。這是一種可去除伴隨生產痛苦記憶的藥物——莨菪鹼的鎮靜劑 (Scopolamine)。暫時的健忘症 (amnesia)，被認爲是無痛分娩的「短暫的睡眠」 (twilight sleep) 是在一九〇〇年代早期「熱切的爲時髦女性所採用」，但到了一九三〇年晚期已成爲許多醫院的標準程序 (Wertz and Wertz, 1977：132-152)。

預備孩子出生的運動

美國正以全速向前推展生產過程的醫療化及去除女性化的同時，令醫療界驚訝的是，另一個反運動因應而生。約在一九四〇年，女人開始懷疑在生產使用干涉的方法是否明智。尤其是，她們開始質疑使用藥物究竟是不是對嬰兒最好的利益考量，以及究竟讓母親在產程中無知覺或遺忘經歷孩子出生的奇妙感是不是最好的方式。

此反運動是由兩件事而導致：醫藥知識及技術的進步，以及女人對自身及她們的角色看待方法改變。

> 一旦對於在傳統上常和孩子出生相關聯的死亡恐懼感因醫療進步而袪除，女人對生產就開始持有正面看法。因爲藥物可以控制不正常，防止並克服不正常，且現在只有極少女人及孩子會死於生產。因此，女人視自然生產是可靠的，而開始想知道究竟藥物治療是否是必要及安全的。而且二次世界大戰後，受

歡迎的心理學及再次強調對家庭的摯愛，鼓勵女人
再次相信母親的身分是女人基本的目的；她因此必
須保持清醒以體驗這崇高的開始（Wertz & Wertz,
1977：178-179）。

對生產所採取的新態度有許多不同的形式。首先，生
產很痛苦主要是因為女人都被教導去害怕生產；如果母親
是被教導要放輕鬆，如果可能，她們會體驗較少的痛苦，
這是新的哲學觀。因此Grantly Dick－Read（一位英國的
產科醫生）在其著作《免恐懼的生產》（*Childbirth
Without Fear*）（1944）中強調：在懷孕期間內實行鬆
弛技術，比分娩陣痛及生產時使用緩和痛苦的藥物有用。
而且他極力強調其重要性。之後，一位法國產科醫生介紹
一種方法，不是倚賴鬆弛術而是調整的方法。在他的書《無
痛分娩》（*Painless Childbirth*）（1956）：拉梅茲
（Ferdinand Lamaze）主張，如果母親們能調整她們的
腦子，而不把某種心理的刺激詮釋為痛苦，那麼就不會感
覺到痛苦了。重點就是準備，但並非使用鬆弛術，女人通
常被教導去倚賴專心的活動（例如：深呼吸及喘氣）反而
會傳達反訊號到腦中，此訊號強過於陣痛分娩及生產中所
接收的痛苦訊號。

拉梅茲生產（Lamaze method）方法它強調女性自
主且證明比Dick-Read的方法更受歡迎。許多女人感覺在
拉梅茲生產方法下，她們又重新再掌握生產的過程。在她

們的心裡，她們寧願醫生就只是接生她們孩子的人。即使女人可能會感覺在拉梅茲生產法中，她們重新得到產程的控制權，但事實上，這種方法或其他生孩子的準備方法，仍然還是讓醫生支配女人該怎麼做。值得注意的是，我所指的拉梅茲生產法是一種生孩子準備的方法，而不是一種自然生產法。事實上，拉梅茲及Dick－Read的方法是讓孕婦們對未來以醫療處理的生產過程中所遭遇的問題事先做準備。因此，這些方法是不該歸類於自然或非干涉生產法中；它們是一種醫療的或干涉法的生產。

　　另一種行之有年的方式是女人所有三種生產的經驗（Rothman, 1982：174-178）。就大多數人類歷史而言，女人是以相互參與的精神和其助產士共同合作。早期的助產士，如同前面所指出的，視本身爲幫助者，她們幫助女人生產她們的孩子。但是隨著醫療及干涉主義的生產方法來臨，女人愈來愈發現她們自己是處於主動——被動的關係，然而醫生通常視使用鉗子爲第一種手段；手術或藥物用以移開（分娩）一個無知覺母親的孩子。Grantly Dick-Read和拉梅茲值得因其宣傳主動——被動生產關係的壞處而得到讚賞，但是兩者都不贊同回歸到互相參與的關係。他們所做的事在本質上點出一個第三種關係，是種指導——合作關係（guidance-cooperation）。然而主動——被動的模式使醫生扮演成「機械工」（mechanics），負責經營及有時修理生產的「機械」（machine），而指導合作模式則鼓勵醫生成爲諮詢指導

員或教練。至於將有孩子的女人,她們被告知以合作及聽醫生的話而成爲好病人。換句話說,主動——被動(active-passive) 的模式以及指導——合作模式的運作是當準媽媽和新生兒媽媽生病,以及醫生應該在懷孕、陣痛及生產時扮演決定權威的指導;而且兩者模式都視在醫院生產是理所當然的 (Nash and Nash, 1979; Rothman, 1982) 。

自然生產的運動

最近,生產的醫療模式有新的挑戰出現。現在,有愈來愈多的女人她們選擇於醫院之外的地方生孩子。她們不是在自己的家裡;就是在眾所周知的「生產中心 (或稱坐月子中心) 」 (birthing centers) 。此外,她們選擇不倚賴幾乎已變成醫院處理生產各式各樣老生常談的程序。我是指超音波掃描 (一種X光過程使你能看到子宮內的胎兒)、胚胎心電圖 (心跳率的測量) ,以及女陰切開術 (在生產時切開女人的會陰) 。

自然生孩子運動 (如同其名稱) 的基礎原理。它認爲生產不是一種醫學——科技現象的信念,而是人們有了孩子——母親,某種程度下父親也一樣,和助產的人,不論是助產士或醫生,都應該是站在平等的立場。換句話說,應該更先進的是回到互相參與模式的生產。

美國的婦科及產科學院認爲,自然生孩子運動不僅是時代的錯誤同時也是危險的 (Findlay, 1985) ,學院的態

度如下：假設在分娩陣痛期有併發狀況發生（例如，孩子心跳意外地下降），而且母親並不是在現代的醫院內有可供應的人手及設備；那時怎麼辦？自然生產論的贊同者主張只有少於百分之十的生產，實際上是需要醫學的干涉以確保孩子或母親的安全；而且經常是，女人如果即將要經歷生產所引起的併發症，是可以事先辨別的（也就是於懷孕期即可看出）。

　　針對生產最佳處所，其爭議性是非常複雜的。如果我們比較醫院內及醫院外新生兒的死亡率，我們發現在醫院出生的孩子比醫院外出生的孩子較少死於生產。然而，這個比較結果被高比例的非計畫非醫院的生產（例如，送醫途中，女人於車中生產）事實所推翻。如果我們控制計畫的狀況，而且比較醫院生產及已計畫的非醫院生產，我們發現此兩種情況下的新生兒的死亡率，幾乎是相同的（Hinds et al., 1985）。

　　目前來說自然生產運動是一種為更多計畫的非醫院生產的呼籲──在家裡生產或在生產中心生孩子，而且是在受過訓的助產士或婦科醫生監視下。這並不是一種呼籲：要求回到生孩子是藝術而非科學的時代裡。然而，現在我們還不足以瞭解其他與計畫性的非醫院生產關聯的風險。這正是系列研究中，非常需要研究探知的一個領域。

生產過程的步驟

　　我曾提供生產保健歷史及政策上相當詳細的描述，以幫助你更瞭解現代生產經驗特徵的人際動態。事實上，在過去所努力形成的產科行爲，持續地對今日的產科行爲有一種影響（McBride, 1982：413）。因此，在美國的每一個生產——不論是何種運用模式——都是醫學及自然觀點的結合。這在一種準備生產的方法中（例如：拉梅茲法）是最明顯的。然而，生產過於有大量醫學干涉或者沒有醫學的介入干涉，不論如何，也是眞確的；這些「純粹的」典型的模式只有在它們互相比較時，才具有社會的意義。

　　到目前爲止，我已描述的生產過程就好像它是一條無破折的延伸，自懷孕到父母身分，但是，事實上，至少有三個特殊的步驟劃分了其過渡期：陣痛、生產，及產後。

（分娩）陣痛

　　就身體而言，準媽媽被指出分娩是指當她的子宮開始有節奏地緊縮，而且孩子開始移動經過子宮和陰道間的開口（會陰）。分娩一度被認爲，如果分娩陣痛在九個月懷孕（約四十週）時才開始最好，或，如果不是那樣，就是九個月至七個月之間。但是今日大多數的醫學專家同意，如果分娩陣痛開始於38週至42週間也不錯（Kay, 1982：

14) 。

　　當準媽媽感覺她是在分娩陣痛時，可能事實上不是這樣的。真的或是假的分娩陣痛對受過訓練的人而言，通常是可以區分的，但是也曾有過即使是最有經驗的醫師、助產士或母親也常被陣痛愚弄了。

　　詮釋分娩陣痛的訊息和決定是否及何時生產是一件重要的議題——生動地說明了當代醫學及自然觀點間的衝突。例如，假設有位女人，她已決定在醫院等待生產，而且已接近預產期，也已開始經歷她以爲是眞的子宮收縮。她可能會開車或由別人開車送她去醫院，以便允許入產房生產，但是她必須要有醫院人員的核准才能入院：「分娩陣痛的狀態，像生病或任何異樣，是一種認爲的狀況：那是一種一個人被有權勢的人分發到一個位置」(Rothman, 1982：166)。其中一件首要的事情是院方（有權勢的）將決定這女人的會陰是否已膨脹擴大。如果不是，院方人員會很篤定的下結論說這女人不是「眞正的」在分娩陣痛，或她的陣痛是不足以讓其入院。無論哪種情形，女人可能都會被請送回家，至少目前是這樣子。如果那女人順從院方人員的意思，然後，即使她身體上有感受，她不是在分娩陣痛；也就是說，她並沒有佔據「分娩的女人」的社會身分。然而，如果她能夠說服院方人員允許其住院，然後她將會接受好像她在分娩般的治療——舉例來說，她將被護送至一個待產房——即使她的會陰尙未開始擴大，我們說24小時，而且她要於12小時後才會生孩子。在這後

段情形來說，她的醫療記錄將指出一個36小時的分娩陣痛，這種方式以醫院的觀點而言，是很差的生產處理方式（Rothman, 1982：165-167）。

當然，就整個歷史而言，準媽媽認爲她們能夠決定自己的孩子何時誕生是一件很重要的事，但是隨著由家裡轉移至醫院，分娩的開始及時機進展變得更加至高無上。這些大多和醫院的稀少資源（只有幾間產房以及其他因素）有關。當和許多人的需求以及需要安排（也就是說，社會時鐘及標準時間）分娩陣痛及生產的時間時，抗爭就可能發生（Kovit, 1972）。換句話說，以醫院管理者的觀點來看，如果每位母親都被允許以其自己對生產所認定的速度來進行，院方人員也會發現自己被責罵的已超過限度。

醫院生產被詬病的是安排時間以及注意時間。基本上，這是「生產醫療管理之根本」。

> 它們（時刻表）提供了一個結構程序的方法以及控制發生什麼事的辯護。來設立什麼是「準時」的想法──究竟是預產期或陣痛分娩的特定步驟──醫藥也建立起醫療的干涉情形，而使女人考慮時間的安排（Rothman, 1982：255）。

父親又是如何呢？他的妻子在分娩陣痛時，他在做什麼呢？在殖民時代，典型地，他是負起責任召喚助產士到家中，然後他大部分都擔任被排除於外的角色。二十年前父親的工作主要是載妻子到醫院，然後自己則在候診室等

候，直到護士出來告訴他生產已結束，而且他可去育嬰室
看他的兒子或女兒。然而，今日一個丈夫似乎會全程的參
與分娩陣痛，他們會安慰以及——在準備生孩子——「教
導」（coaching）或「監視」（supervising）他的妻
子。

　　現在父親們已變得有參與的程度——經常會和他妻子
的呼吸以及喘氣都一致——當人類學家回憶起他們的泛文
化的研究中所發現的孵化儀式（couvade rituals）
（Rothman, 1982：99-100）。Couvade是由法文所演變而
來，意謂「坐在上面」或「孵化」。它指的是一種風俗，
然而父親象徵性地「當分娩陣痛開始時」取代母親（Mil-
maire, 1974：285）。這種特性在每個社會中都各有不同，
但是一般來說，所發生的是「男人啜泣地在床上，以表面
的痛苦、呻吟而翻騰身體，以熱敷用於他的身體，並體貼
地伺候他自己，並使自己順從於食物的限制幾天、幾星期；
或在特別的情形下，甚至長達幾個月」（Diner, 1981：
86）。學者認為孵化儀式的功能是傳達丈夫的權利給孩
子，並使其做為父親的角色更確認（Bachofen, 1967）。
也許今日的丈夫被教導的生孩子的儀式也是在做同樣的一
件事。

生產

　　生產是生產過程中的第二步驟。它開始於會陰已充分
的擴大（十公分），而且從幾分鐘到幾小時後，以生出孩

子爲結束。如果你自己有個小孩,而且選擇一種準備的生孩子法,你將記得生產是——當你被教導如何用你的腹肌把孩子推擠出來的時刻。

雖然生產是一種生物學的蛻變,它卻是發生在社會學的背景裡。因此,分娩陣痛是一種狀況,而生產的狀況就是可以被有關當局分配到位置的情形。這種情形在醫院裡尤其明顯——分娩陣痛的女人和生產的女人——空間上是分開來的。

> 因爲當一個女人從一個房間被移至另一個房間,這過程而說明了由一個步驟到(下一個)的轉換,專業人員必須在陣痛分娩及生產之間做個區分,而且把此區分運用在個別的女人上。一個分割點必須建立,過此點,女人不再被視爲分娩痛而是生產。如果漏了此點,而女人生產了——在產房途中的大廳,然後她會視爲已「掉下」,是個險峻的生產過程。如果太早認定此點,如果院方人員決定此女人應準備生產,而身體事實上她還有一小時才生,那麼就會特別關心有關於第二步驟的長度,因爲她已多花了一小時在產房而非待產房(Rothman, 1982:168-169)。

產房的社會現實是不同於待產(分娩陣痛)房的。那不同就像是當你在飛機場和你被通知要上飛機時你可能會有的感覺,到那個癥結點的所有事情——計畫行程、買機

票、到達登機門、在機門外等候——都只不過是主要事件的前兆——那就是「起飛」。說到有孩子也是一樣的。決定要有孩子、懷有孩子、經歷懷孕期,以及體驗分娩陣痛都只是被視為是步驟,或在某些人心中的生產本身的障礙。因此,對「已經快生了」當時間已到她被輪椅推入產房時,她會有種解脫的感覺。❸

　　根據參加者的觀察研究,生產步驟本身是由三個社會的小步驟所組成:病人介紹、嬰兒宣告,以及「我已經做到了——恭喜」(Kovit, 1972)。

　　在病人介紹的階段期間,準媽媽被帶到那個房間裡,她尚未見過,而且一成不變地告訴她,不管她的真實狀況,她都「做的很好」及「將會沒事」。另外兩個受歡迎重複語句就是「最壞的已經過去了」以及「它不會太久的」。

　　不像十七世紀的伙伴,將臨盆的母親不會坐在一個馬桶上,她將以背平躺,吊在一個產桌並將雙腳以馬鐙(連接於桌子的金屬腳的支持物)吊高,或她將躺在一個設計以將她的背突起來約四十五度的角度的床。現今生產姿勢的好處,是它們給了產科醫生清楚的景像,看清母親的會陰部而且較方便讓他或她以鉗子在難產之際,以外科手術剪開會陰,而不是當孩子出來時,任其撕裂該部位。而這些姿勢的壞處是,夠諷刺的是,正因為產道設計孩子必須被推出或往上推,而增加了鉗子被認作是一個必要選擇的可能性。而且,許多壓力放在會陰部,會增加了它的撕裂或需要被剪開的可能性(Rothman, 1982:81, 254)。

嬰兒宣告的階段開始於當嬰兒頭部腦門出現時（「我看見了」）而以嬰兒的狀況（「他是一切完好的！」）為結束。中間則是性別的歡呼（「它是一個男（女）孩！」）除緊急狀況外，母親選擇一個自然的或準備的生孩子法，可在生產過程中都保持清醒。母親選擇醫療模式來生孩子，也可望是清醒的；如果她的醫生是用一個局部而非全身麻醉。但是保持清醒並不一定表示母親實際上可以看見孩子的出生。當孩子開始出來時，看見孩子頭部腦門對她來說，是不可能的。有時候可用一面鏡子讓母親能看新生兒一眼，但是這不是完全令人滿意的，就如同任何會駕車的人所知道的。

事實上，母親對生產最壞的看法是它增加了她倚賴別人（院方人員、她丈夫）去告訴她孩子長得什麼樣子，在她努力想得到孩子正確狀況的情況下，她變得不僅比較敏感別人在說什麼，也在乎他們是如何說此事。

大部分時間她的渴望和焦急在於她所被告知的是否屬實，這期間是短暫的。在生產期間，她會想知道是否一切安好。但是一生產完之後，醫護人員馬上會交給她嬰兒，並讓她自己能夠看到孩子是否都有手指和腳趾以及其他，接下來，孩子很快地會被帶到一個小桌子上去量體重及作評估，母親又會再次焦急地聽取護士對嬰兒的心跳、呼吸率及肌肉張力的評估。但是幾分鐘內孩子會回來，而母親將再次有機會去瞭解她是否生了一個健康的孩子。

假如孩子不是很好；那該怎麼辦？如同你們猜測的，

生產宣告步驟的社會現實，就會產生巨大的改變，如果孩子有任何不對勁的話。舉例來說，這是一位產下唐氏症（Down's syndrome）孩子的母親所描述的情形：

> 我記得非常清楚。當嬰兒出生時，醫生什麼都沒說。
> 然後他說，「他是個男孩」，接著他猶豫一下，我立
> 即說：「他很好嗎？」他回答說，「他有十隻手指
> 及腳趾」，所以在我的心裡，我知道有事情不對了
> （Darling, 1979：129）。

雖然她的醫生在嬰兒出生時就知道這個嬰兒是不正常的，直到第二天他才傳達此訊息給母親。然而，那母親剛開始就已由字裡行間感覺到而且就知道事情並不是一切都安好。

有時候嬰兒將會是死胎（也就是說，出生時就是死的）。懷孕期可能太平無事，分娩陣痛的進展也按進度，而最後——沒有警告——胎兒可能停止移動而心跳也聽不見了。當孩子出生時有缺陷的情形，在生出一個死胎期間或之後這房間內的氣氛都會顯著的改變。我有一個學生她的孩子被他自己的臍帶所勒死，她尤其記得，一旦得知孩子是死的，每一個人是多麼安靜，而且院方人員都避免談及此嬰兒，醫生及護士們似乎假設減化已發生的（例如，口頭說「不要擔心，你會再懷孕」），就是在幫助此對夫婦。然而，問題是這對夫婦會想要談論他們的兒子；他們會想要被當作是失去孩子的父母看待。

　　研究新生兒死亡的報告中指出，這對夫妻的態度並非不常見（參考Peppers and Knapp, 1980）。似乎有很多遭遇過孩子出生是死胎的男人和女人，會偏好把死嬰想成是家庭的成員之一。有鑑於這些研究，醫生愈來愈鼓勵那些一出生就死去的嬰兒的父母，擁有一張他們孩子的照片，也提出鼓勵他們拍照的政策。

　　第三個產後的步驟是「我已做到了──恭喜」。在此階段院方人員告訴母親她已「做到了」而且她「做了一份好工作」。（「那是一個漂亮的男孩；做的好」）。最有趣的是，院方人員的意見可能和他們真正認為的並不太相關。在參加人員的觀察報告內，「病人凶惡地反應院方人員的觀點」，他們仍被教導告訴他們同樣的事情（因為客人的反應是「正確地」）。在產房內母親的面前所說的嬰兒可愛，當在母親聽力範圍之外聽不見時通常被說成另一回事。如同我先前所指出，因為母親不但對醫生和護士們說什麼，也對他們怎麼說都是非常敏感的。我們可假設有很多例子，院方人員錯誤地相信他們已成功地掩飾他們真正的感覺。

　　雖然病人介紹及嬰兒宣告的階段界限都相當地清楚，而「我做到了──恭喜」的界限卻有點兒模糊。「我做到了──恭喜」的階段不僅是在那個女人被帶至恢復室──一個在母親被送至產婦房間前觀察母親（重要癥兆及其他）的地方──而且，它也是指在醫院裡的全部時間。即使她回家，她將「為了做好一件事」受到朋友及親戚的

道賀。因此，可能在生產開始時及產程中最後階段結束，一般所說的產後，說這句「我做到了——恭喜」更爲恰當。

生產後

　　生產後（postpartum）這個字代表「生產後的期間」。以醫學來說，它是被定義爲生產之後立即開始的（6個星期）期間，並以女人身體已回復到接近其懷孕前狀態作結束（Miller and Brooten, 1983:383）。然而，在這本書內，產後是侷限於母親在醫院內的時間。原因是，雖然一個女人的身體狀況可能在離開醫院那天並沒改變，但是她的社會狀況卻有當然地改變，而且因爲這裡有興趣談的是，成爲父母的社會現實，如果依從產後的醫學定義則必然會被誤導。

　　有很多事情在生產後的階段都值得注意。首先，有一個事實，雖然孩子是屬於父母親，而照顧嬰兒的責任卻在於院方人員。因此，舉例來說，一般而言不是父母，而是醫生及護士決定何時餵食嬰兒以及誰將獲准去看嬰兒。即使在母親離開醫院的當天，護士都會協助把孩子帶上車以及把他或她放在車裡。直到嬰兒被帶至另一個地點——汽車——醫院的照顧責任才算終止。在這方面來說，有個一直出現及有知識的院方人員告訴你做什麼是很好的。照顧嬰兒需要很多技能，而且大多數父母都很歡迎任何他們可得到的幫助。然而，另一方面，要去接觸或甚至看你自己

的嬰兒都必須徵得許可也是蠻奇怪的。

　　生產後階段的另一方面是指母親及孩子身體上的分離。典型地，在一個醫院新生兒是放在育嬰室而且週期性地（每隔三或四個小時）帶去給他在產婦房的母親餵食。這分離正和醫學觀點上嬰兒及母親有不同的及有時候衝突的需求是相吻合的。嬰兒需要「照顧」；母親需要「休息」。嬰兒無法自母體得到充分的照顧，因為母親們在休息；而母親們也無法得到充分休息，如果她們必須照顧她們的嬰兒。最有趣的是，第一眼看上去似乎是以一般常識的方法去處理一個困難的情形，或許是被一些人看成不過是某些醫生不必要的干涉的另一個例子。舉例來說，其實醫生們的概念是分開嬰兒及準媽媽們——而且還甚至為每一組發展出不同的醫學專長（也就是小兒科及婦產科）——自然生孩子的贊同者視嬰兒和母親是互相倚賴的。在自然生孩子的模式，

> 母親需要休息被定義為由萬事中解脫。而嬰兒的需求則被認為是初乳或牛奶以及身體的接觸，這些需求被認為當母親半躺在床上、打瞌睡及餵食她的孩子時可一起達成，一點也不牴觸（Rothman, 1982：184）。

有些醫生已開始注意到這種方法的價值。然而在以前，一個母親是不被准許抱她的孩子，直到她被移走並已「休息」；而在今日，母親常在恢復室就抱著孩子，這並

非是一件不尋常的事。我們現在知道，新生兒將會於出生
後約一小時左右比第一個24小時內的任何時間更清醒以及
有傾聽力，而且很多母親（孩子）由這個早期的接觸會得
到很大的滿足。同樣的，有些醫院已改了他們的規則，例
如像他們現在允許「住進房間內」，表示不是待在育嬰
室，孩子是放在母親床邊的搖籃內。甚至還會多一張床給
父親用，如此一來，當訪客時間結束時家庭就不會被拆散。

剖腹生產手術

　　如果醫生指出母親或者嬰兒將無法於陰道生產中存
活，或可能因此經驗而使身體上受苦（例如，母親於分娩
陣痛中大量出血，或胎兒在產道內位置不正常），那麼剖
腹手術（C-section）就可派上用場了。剖腹手術是一種外
科手術，醫生在母親的肚子上切開口，而孩子就可完全地
自母親的子宮內取出。

　　傳說此手術的名字是源自於凱薩大帝（Julius
Caesar），他是由剖腹手術而出生，但是事實上，此聲名
狼籍的羅馬帝王是由會陰部位出生的。更可能地，此名詞
是出自十七世紀羅馬法令，如果一個女人死時懷孕，小孩
必須立刻由她肚子切開取出以便救拯這個小生命。原來這
是Lex　Regia的一部分，但是稍後它就結合變為Lex
Caesare，因此而有Caesar和手術之間的關聯（Sorel,

1984：109-110)。

該注意的是，在剛開始時，這個手術是只有在如果母親已死亡時才准許進行。古羅馬時代在健康母親身上實行剖腹手術，是不可能的事。以當時的醫療常識狀況而言，這樣子的手術一定會導致母親的死亡。

雖然有證據顯示在整個歷史中，週期性地總有人企圖在活的母親身上實行剖腹手術，但是很顯然地，第一件成功的手術直到一五〇〇年才開始實行。Jacob Nufer，這位瑞士的牡豬去勢者（專司替豬隻閹割的人）聽說在十三位助產士運用策略由會陰部位取出孩子失敗後，他救活他的妻子及孩子。而第一椿在美國成功的剖腹手術直到一七九三年才發生，當維吉尼亞州一位叫做Jesse Bennett的醫生在其妻子身上實行此手術（Sorel, 1984：111-112）。

繼剖腹手術後，生產死亡率還是繼續昇高，直到十九世紀（在紐約市有百分之九十二的母親於一八八七年死於手術中）。使事情有轉機的是一本在一八八二年出版的書籍，此書中的一位德國醫師Max Sanger，主張剖腹手術中，不單只是腹部的傷口，還有子宮（也就是內部的）的傷口也都是很重要的。Sanger也致力於使用暗縫法去閉合傷口（Burchell, 1981）。

雖然醫學的進步使剖腹手術成為一個較安全的手術（舉例來說，我們現在有更複雜的抗生素及麻醉藥），而事實上，剖腹手術還停留在它是一個手術，而且所有的手術都需要一些風險。這是為什麼有些人很關心最近剖腹手

術比率增加的原因。

> 也許在對醫院抱怨的例子中，最令人警覺的主要是
> 剖腹手術的生產。在一九七〇年，剖腹手術只佔全美
> 國生產率的百分之五點五；到了一九七八年，那個
> 數字跳到百分之十五點二；到了一九八二年，更高
> 達百分之十八點五。就某個程度而言，數字的增加可
> 能是因爲年紀大高危險群的母親增加使用，但是，那
> 些母親的比例無法完全解釋此種改變。然而，有些醫
> 生認爲剖腹手術的比例已漸持平，很多輿論仍感到
> 懷疑，而且力辯在過去幾十年的發展，有一代受過訓
> 的醫生，他們極少看到會陰部位生產困難。那些醫
> 生，有些輿論控訴他們，認爲在分娩陣痛時使用正規
> 的外科手術所出現的問題，包括產程進行太慢而因
> 此影響醫生自己的時間表。醫生也可能會實行剖腹
> 手術以避免陷於醫療不當的控訴 (Warshaw,
> 1984：50) 。

對應於此，醫生們指出很多孩子及母親經由剖腹手術
而救活的事實，以及要不是那手術的關係，即使由會陰部
分生產的孩子雖健康的活著，但其腦部也會遭受到無法修
復的損害。其次，他們注意到一個事實是，有些剖腹是非
必要的，但是這也往往是出生後才知道那些剖腹手術的孩
子也可經由會陰生產方式出生。換句話說，醫生們爭論認
爲，去執行一個不必要的剖腹手術，總比希望一個危險會

陰部位生產方式能成功要來得好些。

　　有些產科醫生覺得，醫生通常在決定做剖腹手術前等太久，而且如果能事先安排（在女人分娩陣痛前）則許多和手術關聯的複雜原因就可避免。持此見解的產科醫生主要是擔心在晚產（就是超過四十週的懷孕期）女人身上實行緊急剖腹生產所涉及的風險，而且不擁護所有生產都由剖腹手術來完成的主張。（Feldman and Freiman, 1985）。

　　剖腹生產的社會現實是不同於會陰部位生產的。如果一個剖腹生產不是預期的，到最後這會是一個長而不成功的分娩。因此，與其花了六個小時陣痛分娩而被以個人的會陰部位生產的「工作」為回饋；剖腹手術的母親可能花了十二或十八小時於分娩陣痛，然後被告知她的努力仍不夠。可悲的是，對剖腹生產的母親而言，她們常感覺是她們個人的失敗，這種情形是常有的事。如果剖腹生產是預料中（例如，產婦被告知她的產道太小，而不能容納一個會陰部位的生產），那麼可能發生的是產程的第一步——分娩陣痛——將會一起很快地過去。因此，與其焦急地等待進入分娩陣痛，女人可能只是被問起去選擇孩子的出生日。有些剖腹母親感覺到去除驚訝的要素，似乎就從生產經驗中拿走了些重要的東西。

　　生產過程第二階段的社會現實是——生產——於剖腹生產期間也是不同。剖腹生產是在手術室而非一間產房。大部分醫院的產科房都有手術室以應付此種緊急狀況，所

以母親可能不會被車子推至醫院的其他房間或樓層。第
一，那就是會有更多的醫療人員在房間內，而且她周圍的
氣氛也將不同。第二，依醫院而定，父親可能會或不會被
允許觀看生產。在不久之前，需要剖腹的婦女就自然地表
示，父親不能在產房出現，但是愈來愈多的醫院現在允許
父親去現場觀看（並拍照）剖腹手術生產。第三，以會陰
部位生產而言，人們可能會辯論誰才是生孩子的大功臣
──母親、醫生還是助產士？然而，以一個剖腹生產而言，
毫無疑問的是誰接生的──是醫生。因此，通常爲「做了
一件好工作」而向生產的母親恭喜的賀詞，可能也不會延
伸給歷經剖腹生產的母親。（當然，父親及母親仍會被讚
美有個「美麗的孩子」）。

那生產過程的最後階段又是什麼──生產後？剖腹生
產是否也不同呢？答案是肯定的。剖腹生產的母親，她的
復原期間通常更長也較困難。一個以會陰部位生產的母親
只需於生產完待在醫院一或兩天，而歷經剖腹生產的母親
則需待到數天或長至一星期。同樣地，一般而言剖腹手術
後的母親將較難入睡及行動，而且也比會陰部位生產的母
親經歷更多的痛苦。最後，剖腹手術費用也比會陰部位生
產更貴（Entwisle and Doering, 1981：109-110）。

結論

　　自從殖民時代後，美國的生產方式就已改變了相當多。四百年前女人是在家生產。今日，大多數的人是在醫院生產。四百年前，生產前、生產及生產後都是在女性朋友及家屬的陪伴下發生。今日，女人在成為父母親前的痛苦期主要是由陌生人環繞著，而其中有些是男人。曾一度幾乎全部是由自然控制的事件也變為一種順應醫學及科技的程序。今日的身體的及社會的事實大部分都還是由產科醫生來統治。最後，現在生產是較過去安全多了，在殖民時代多至二十人中有一人是死於生產中。今日只有每十萬人有九人是死於生產 (Demos, 1970; Pritchard et al., 1984)。

　　這些改變提供了有一些目前在產婦保健方面所進行的爭議可瞭解的背景。在各種生產行為贊同者間的衝突，本質上，是一種已進行數世紀權利鬥爭的延續。

　　此章的目標是顯示以鉅視觀而言，如何改變（例如，生產醫療化階段），就層次而言，微視面又是如何改變（例如：生產過程的階段）這些層次是糾結一起而相互關聯的。如同第一章所指出，我們無法瞭解成為父母親若不考慮經過時間是何意義。簡單地說，社會現實── 以各方面顯示──是，而且將總是──一種歷史的現實。

問題討論

1. 回溯至十七世紀，典型的美國生產方式是什麼？
2. 什麼因素造成生產的醫療化及去除女性化？
3. 以醫學處理的生孩子和自然的生孩子有什麼不同？爲什麼準備生孩子（例如，拉梅茲生產方法）被認爲是較「醫療的」而非較「自然的」？
4. 生產前、生產及生產後的主要特徵是什麼？
5. 剖腹生產的好處及壞處是什麼？

建議作業

1. 約談一位助產士和產科醫生，以瞭解他們是如何看待他們的職業、生產過程及準父母親。
2. 和兩位女人談話，一位是於一九四〇年間生產；另一位是在去年某個時間內生產，並區分她們經驗中的異同點。
3. 找兩位他們的妻子正在懷孕的男人，並問他們於生產期間內他們想做什麼。如果可能，生產完後訪談他們，看看他們期望會發生的事是否實現。
4. 去一家醫院的產科房拜訪，並觀察產前、生產時及產

後於空間上及暫時地是如何組織。

註解

❶本章主要是以兩本關於生產的社會學極佳的書為根本：
Richard W. Wertz 和 Porothy C. Wertz合著的《美
國的孩子出生的歷史》（*A History of Childbirth in
America,* 1977）；和 Barbara Katz Rothman 著的
《出生地的女人及權力》（*Women and Power in
the Birthplace,* 1982）。

❷ Midwife 是半英文名稱，意謂「助產士」（with
woman）。

❸大多數女人於醫院生產將在一個房間內陣痛分娩，而於
另一個房間生產。然而，有些醫院開始准許女人待產及
生產在同個房間內。

第五章
嬰兒照護

　　假設你被人委託照顧一粒由雜貨店買的蛋一個月。就「照護」(care) 它而言，我不是說你可以把它放在冰箱裡，而且就把它忘記了，而是你必須無論走到哪裡都帶著它。因爲一粒蛋將會「死」(die)，如果不把它冷凍的話，你必須在你帶著它走動時想出一些保存它的方法。一個手提式的冰櫃也許有用，但是別忘了你必須每隔一段時間就「餵」(feed) 冰塊給那粒蛋。也許有一個裝電池的冰櫃而且你可以背在背上會更好；那麼你所要做的事只是有時候「餵」(feed) 電池給你的那粒蛋。要記得的是，一粒蛋是易碎而脆弱的。不論你決定如何使它保持冷凍，你都必須想出一些方法使其免於壓碎。一粒蛋也很需要被保護，那也是蛋箱爲何這樣設計的原因，所以，設計一個小繭給你的蛋，可能是個好主意。因爲你走動的時候會比較多——我不會期盼你在家待一個月——你可能必須想出一個能讓你的蛋在高速度及突然中止時還能存活的設計。說到運送你的蛋，你真的必須小心。

　　這種練習可能看起來很荒謬，但是它卻是老師們常用來傳達照護嬰兒是怎麼一回事的方法。通常，此練習會持續一個星期，相對於一個月，而且通常大多數的蛋（染成藍色或粉色代表「男孩」或「女孩」）是煮熟的蛋而不是生的蛋。然而，一般來說學生們在照護蛋一週後，就會很敏感的體會出成為父母的意義了。

　　本章是描述新的父母身分的權利及責任，更明確地說，它描述有嬰兒家庭的社會組織。我將集中在嬰兒照護的性質──它本質上所需要的──以及回顧每個家庭間造成嬰兒照護不同的構成因素。然後我將討論有嬰兒家庭的勞力分工，以及做父親和做母親的品質──並分析已解釋過的為何父親做如此少，而母親做如此多的各種理論。

嬰兒照護的性質

人類嬰兒的無助

　　大多數無脊椎及冷血動物，每一受孕就會生殖很多後代，然而大多數溫血動物在比較上而言就生殖很少。舉例來說，一條產卵的鱈魚，每一次生產就產下一萬顆蛋，但是典型的女性人類一次只會生一胎。

　　任一種類將以何種生殖策略為特徵，就看它的基因構造及生態學而定了。它的行為完全地或幾乎完全地是基因擬定設計的，而且它防禦掠食者是非常弱或不存在的種類

將會用第一種策略，然而它的倚賴學習是很強的，而且如果它是較不依賴掠食而較倚賴對疾病的免疫而存活的種類則會用第二種策略。

這兩個策略事實上是一種連續的極點而非區分或二分的。因此，如果說第一種策略是佔連續點的左邊極點，而第二種策略是佔據右邊，我們會發現牡蠣是在老鼠左邊，而老鼠是在大象的左邊；而且我們經常會發現愈小的動物就在愈大動物的左邊 (Barash, 1977：180- 183)。

我告訴你老鼠、大象和鱈魚怎樣生殖的理由，是爲了介紹和成爲父母相關聯的權力及責任，部分來說它是一種生物學及生態學功能的概念。成爲人類嬰兒的父親或母親表示對一個完全倚賴別人的生物負起責任。不像鱈魚，一出生就可立即保護自己，人類出生後無法存活，除非他們被照護。事實上，沒有任何一種初生兒如同人類的初生兒這般地需要如此多的照護。

新生兒是如何的無助？嬰兒有吸吮的反射動作，所以他不需要被敎導如何餵食。但是，除非有人放胸部或瓶子到嬰兒的嘴裡，否則他就會死了；他不能自己找食物。一個嬰兒無法坐起來，更何況走路，而且他的頭部如果沒有支撐還會前後搖晃。至於長大成爲一個健康的，正常的成人，如果他在年輕時未扶起及擁抱過，而且未被敎導如何說話及角色扮演，他將無法成爲一個羽翼已豐的社會的一員 (McCall, 1979)。

簡而言之，嬰兒的要求是很多的，這也是我要說的嬰

兒照護性質的第一點。令父母身分感到獨特的轉變是嬰兒
所需的大量的關注；這也是令一些父母特別感到挫折的。
每一個人都需要一些關注；我們都想成爲說話和聆聽的對
象，而且我們都需要一點擁抱。但是大部分時候，我們可
以自己獨立地達成。不像嬰兒，他們需要別人和他說話、
放下去睡覺、擁抱、餵食、清洗、攜帶、搖晃、打嗝吐氣、
安撫，帶去看醫生等等。看起來就好像新父母總是有事要
做，總是要讓他們專注在嬰兒相當無助的委託，而非專注
於他們自己。

私人時間的稀少

在我剛才說的情形下，新父母最常見的抱怨就是他們
似乎不可能有任何時間去做他們想做的事，相對於他們的
孩子要他們去做的事，就不足爲奇了（Harriman, 1983;
Hobbs, 1965; Hobbs and Wimbish, 1977）。

但是父母常抱怨說他們的孩子浪費時間的是什麼？在
本質上，他們是悲嘆他們必須面對他們對自己孩子的要求
有求必應的事實。有求必應性是區分公共時間——當你時
間可供應別人的時間——以及私人時間——當你時間只可
供應給自己的時間（Zerubavel, 1981）。因此，新父母所
抱怨的是缺少隱私性。

成人世界互動的特徵，是一連串沿著有求必應空間所
展開的運動。你在吃午飯的路上，被你的朋友叫住，他問
你一個問題你會想和他或她說話嗎？那就是，像有求必

應？也許你餓得無法再延遲一分鐘，所以你會告訴你的朋友稍後再和他或她談；或你建議，與其無法讓你吃飯，要你朋友加入你一起去吃飯。

要注意的是，關於怎麼應對你朋友的決定，主要的關鍵是在於你的朋友知道你要去吃午飯的假設下。你假設他或她可由你很餓的事實而動情，而且你假設你可傳達你想做什麼以及為什麼。但是假設你的朋友並不瞭解你，假設他或她並不懂你說的話，而且她或他也不能理解餓——或過去、現在及將來（就如「我稍後再和你談」）。那時，你要達成你的意圖又會是如何？

嬰兒可傳達（用哭、目光接觸，以及其他）但是他們無法對談，（infant是源自拉丁字infans，表示不能說話），而且他們不瞭解我們所瞭解餓的方法。當然，嬰兒知道當他們餓時，但是他們沒有餓的概念；因此，他們無法理解你可能餓了。嬰兒也要學關於過去、現在，以及未來（就是順便一提、任意的目的地），而且他們當然不知道等的意義，以及為什麼他們必須等。

現在假設你單獨地和嬰兒在家，而且當他開始哭時，你正準備吃晚飯。你是迎合你自己或是孩子？假設孩子是因為尿布髒而不舒服，如果你停下來換掉孩子的尿布後，你的晚餐就涼了呢？你會告訴他要有耐心，你將在吃完飯後替他換嗎？但是孩子並不瞭解要有耐心的意義；他所知道的只是他覺得不舒服。你要怎麼辦？現在想像這種插曲一個星期內會發生百次以上，然後你就會比較瞭解，為什

麼新父母親會抱怨私人時間的稀少。

持續性涵蓋的問題

可接近性（accessibility）是個有用的觀念，可以理解它對成爲新父母的意義，因爲它幫助我們去看新父母只不過是關於人們每天必須去抗爭變數的經驗。這個「吃午飯的路上被朋友叫停」的故事是想顯示這個觀點，但是它只暗示當一個房子裡有個嬰兒時，一個家庭的社會組織的改變。

大多數我們對於可接近性及非接近性的動力原理並非來自家庭的研究，而是來自醫院的研究。在那份研究中有一個相當簡單，但是理論上強而有力的信念已發展出來，也就是說，爲了使醫院能完成它的功能——就是病人照護，它必須對社區是有求必應的，「不管是一天中哪個時間，星期中的哪一天，一年中的哪個時間」。換句話說，爲了「提供以持續性爲基礎的醫療以及保健的適用範圍」，一家醫院「必須總是開著」（Zerubavel, 1979：40）。

持續性涵蓋（全天候照料）的責任，使醫院有必要的將其員工分成輪調的三班制。因此，當早班在當班時（對病人有求必應的），晚班及夜班的人員是不當班的（對別人不是有求必應的）；反之亦然。但是有些員工——主要是醫生——在任何時間，不論是當班或不當班都是隨叫隨到，這是把他們放在介於所謂的有可接近性的中間某處。

如果我們要檢視一個醫院的內部工作情形，我們事實上會發現「當班」、「不當班」以及「隨叫隨到」只不過是可接近性空間裡很多項目中的其中三個而已。例如：在午休的護士是什麼呢？他們是當班，隨叫隨到，或不當班？他們可能是前兩者之間吧！坐在護理檯前的護士們看見病人房間內燈在閃亮，而且起身去查問病人需要什麼服務時又是什麼呢？他們是否也在應對於燈亮之前或之後有同樣程度的有求必應性或關注？我們必須說不，一旦他們進入病人的房間，他們的可接近性就已增加，而且諸如此類。正因如此，我們可看到任何持續性適用的社會系統涉及一系列的協調的努力以提供別人某種程度的照護。

消防部門、警局，以及軍事基地及其他持續範圍的社會系統也是可想到的機關。但是你想一想，有嬰兒的家庭事實上，也常是持續性的社會系統 (LaRossa and LaRossa, 1981)。新父母很快地會發現，持續性的涵蓋照護正是他們想提供的。只是，不像在醫院裡，那病人是「適用」對象，對他們而言，嬰兒才是對象。因此，新生兒的父母親必須在一年中哪個時間，一星期中哪一天，一天中哪個時間都要照顧他們的孩子。換句話說，他們必須總是對他們的孩子有求必應。即使他們雇用褓姆，仍然是「隨叫隨到」，這可由他們會留下找得到他們的電話而證明。

如果孩子正在睡覺，他們可能暫時地能夠照顧他們自己的需求——得到一些私人的時間——但是當孩子有需要幫助的訊息（典型地是以哭表示），他們或他們的代表

——褓姆——必須大致如同當班的護士般應答於他們的需求，又或許是在休息時，必須應答於緊急燈閃亮的病人。

持續性涵蓋的社會系統，一般來說，是處理以建立勞力分工，而且總是可接近性的。舉例來說，一個醫院裏的早班、晚班及夜班因應持續醫療的適用範圍，他們正式地分配責任——也就是說，已設計出來精密的班表而員工必須簽到及簽退 (Zerubavel, 1979)。

持續性涵蓋的家庭系統，也建立了勞力分工，雖然和其他適用範圍的方式不盡相同。一些不同之處是源自於家庭不比醫院、消防部門，軍事基地及諸如此類機構正式的事實。因此，照顧孩子的人也就無法如此互相交換。例如，我們傾向認爲醫院裡的三班制以功能性運作是相等的效果；而就我們所知，夜班的護士替換晚班不會對病人造成傷害。對照之下，我們在美國傾向於認爲父母親——尤其是母親——是無法取代的。老師、褓姆以及祖父母也許可替代父母親（而且以一規律的情形爲主），但是這個國家中，大多數人的看法仍然認爲他們不能取代父母親。

關於勞力分工的一件事就是它所需要的協調，這傾向於使涉及的人們更是互相倚賴 (Zerubavel, 1981)。因此，當人們有了孩子，他們變成更倚賴他們的配偶、他們的親戚、他們的朋友，以及整個大社區以作爲他們的「涵蓋」(cover)（也就是說，如果他們不能照護時，能替代他們照顧孩子）。增加的互相倚賴性一般來說提高了團結性以及增加社會的互動。這也是爲什麼新父母(1)總感覺他

們和他們的配偶變得愈來愈像是同事，犧牲了在婚姻過程中的親密 (Belsky, et al., 1983; LaRossa and LaRossa, 1981) ，和(2)花了更多時間和父母、朋友以及有孩子的熟人相處 (Belsky and Rovine, 1984; Fischer, 1981; O' Donnell, 1982) 。

　　總結，到目前為止，我所說的嬰兒照護的性質，是涉及無法自我防禦及需要利用大量的私人時間負起所需負的責任。為了提供新生兒需求的照顧，同時也給照護者一些自由，有嬰兒的家庭將會組織他們自己進入繼續的適用社會系統——在任一時刻，他們的嬰兒所接受的關注程度，到個人負責提供那項關注。

嬰兒不盡相同

　　持續的照護嬰兒很複雜，而且是有很多理由的，最起碼的就是嬰兒們有太多的不同了。有些嬰兒一出生就是成熟的，有些不是。有些是健康的，另一些是身體上或智能上有障礙的。還有一項事實是嬰兒改變——太快了。幾個月可代表不能坐和能夠走（而且「瞭解事情」）的不同。

未成熟、尺寸以及生長
　　嬰兒因懷孕的年紀、重量及嬰兒生長比率而不同。雖然大部分嬰兒是在三十八到四十二週的懷孕期而出生，但

是有些較「早」出生（也就是早產（prematurely））而
有些是較「晚」出生（也就是晚產）。同時，雖然在美國
平均嬰兒出生的體重是在二千九百至四千一百公克之間
（六磅五盎斯到八磅十五盎斯），但是仍有孩子出生時小
很多或大很多。最後，嬰兒在子宮內的生長，一般來說，
和他們的懷孕期成比例，但是有些嬰兒確實會受阻或加速
的比率生長。

這些特異之處造成什麼樣的不同？早產的嬰兒、出生
體重輕的孩子、以懷孕期而言太小的孩子，一般而言，都
較正常的孩子更無助，而也因此需要更多的照護❶。

以早產兒爲例，大部分出生後是在初生兒加護病房渡
過的是屬早產兒。這些孩子，由於太快出生，通常在其他
問題中，最常見的是不成熟的呼吸及循環系統。

> 一般來說，早產嬰兒的呼吸是不規律的、快速的，以
> 及有時候很淺，並間歇的有暫時無呼吸及發紺（譬
> 如呼吸系統的停止及氧氣的不足）…早產兒的心臟
> 於出生時也相當大——如果相較於他的全部身體尺
> 寸——以及雜音（譬如，不正常型的心臟聲音顯示
> 不正常）都算是常見的（Miller and Brooten, 1983:
> 626, 634）。

初生兒加護病房是值得一看的景象。那是一個「被那
個地方的活動所觸動，…精密的科技，以及每日例行的生
與死的奮鬥」。而且去看小嬰兒，有的重未達一磅，「附

著於呼吸器、氧氣罩、I.V.S（靜脈注射的管子），…以及
以監視器呼叫心臟停止的警訊」是一種椎心刺骨的經驗
（Bogdan et al., 1982：7）。

　　嬰兒的無助及持續照護嬰兒的情形二者間的相關性，
在這些病房內都可充分地看清楚。院方人員——嬰兒人數
比的高比率，照護者密度的集中，電子偵測器的使用都足
以支持「嬰兒愈是無助，愈是需要多的照顧」的主題。也
就是說愈是無助的嬰兒，當班時間（完全的可接近性）及
隨叫隨到（準備隨時的通知）的服務給予嬰兒的比例也愈
高。

　　早產兒可能需要長至二到四個月的加護看顧，而且，
在一些很複雜的案例中，可能需在醫院待上一年。毫無疑
問地早產是一個人生命開始的艱難方式。

　　一個早產嬰兒的父親及母親，也是父母親生活開始的
一種艱難方式。你不但必須比你預期的早幾星期或甚至幾
個月就面對過渡為父母的事實，你也同時必須應付你的孩
子是非常體弱而且可能會死的身體現實以及他或她不是和
你在一起而是在醫院的社會現實。父母親照顧的性質也是
不同的。這裡有份研究發現院方人員希望這些父母所需特
別注意的：

　　■父母會被期望以他們生命的其他各方面組織起
　　　來，以使他們的注意力完全地導入他們的嬰兒及
　　　院方人員的需求，並負更高的社會責任。父母親必

須隨時候傳，以同意緊急狀況程度及分擔他們的
失敗的責任。

■ 父母親必須抑制住他們的情緒，如果能做到如此，
他們才能理智地加入所必須做的決定以及使院方
人員能自在地專心於醫療診治。

■ 父母親被期望能減少他們對嬰兒狀況的責任感及
愧疚至最低的程度。

■ 雖然父母親瞭解到初生兒加護病房每日花費約七
佰伍拾美元或更多…可是他們也假設是不該讓財
務的憂慮超越對他們的孩子的關心。

■ 父母親應該向有能力的專家尋求幫助，聽從他們
的忠告，即使當行動的過程是和父母親的情緒，文
化及種族的哲學有衝突，也應該分擔最後結果的
責任（Sosnowitz, 1984：394）。

很明顯地，早產兒的父母親（以及在加護病房的其他
嬰兒）形成一個非常獨特的群體世界。

殘障嬰兒

早產兒（premature babies），出生時體重過輕的嬰
兒（low-birth weight babies），以及懷孕期過小的嬰兒
都很可能遭受併發症，而須初生兒加護看顧。然而，無論
如何，這三種類別並非是集所有身體的問題襲擊新生兒。
一個嬰兒可能按時出生，而且是正常的尺寸，但是仍有特
別的需求，因為他或她，舉例來說，出生時就是裂顎或畸

形脚或被發現脊柱分裂或唐氏症。

前兩個問題，如醫生所說的，是「可矯治的」。一系列的手術可以重組一個嬰兒的顎骨以及鑄模或整形手術可拉直一雙畸形脚。但是在這兩種矯治實行之前以及其間（也許花上幾個月，也許幾年的時間），所需的父母親照護的程度是相當密集的。一位出生時她的女兒就是裂顎的母親解釋如下：

> 大多數的裂顎（cleft palate）小孩必需以一種特別的裂顎餵食器、泡沫注射器，或醫藥滴劑來餵食，但是很幸運地Shari能夠用一個裝有一種特別乳頭的一般瓶子餵食。然而，她每次只能餵食非常少的牛奶，咬嚼乳頭多於實際的吸吮。當我最後到她家，餵食可能在一餐飯時間連到下一餐而使餵食成為一個整天的事情因為這處方進行的如此緩慢（Hunter, 1982：125）。

每週看醫生，週期性的手術（或鑄模）而且就是這事實，不論長期的好處，矯治一個裂顎或畸形脚使嬰兒身體上所受的傷害，也同時使新父母感同身受。

孩子有更嚴重及更永久的無能力，會給予他們的父母更大的壓力。不僅是患脊椎分裂（spina bifida）或唐氏症（Down's Syndrome）（或其他任何先天的缺陷）的嬰兒需要很多關注，情緒上的苦悶也是父母親必須學習去習慣。

緊接著拉梅茲生產後，我丈夫及我都爲我們擁有漂亮女嬰而雀躍。結果是，第二天早上當我的家庭醫生試著盡他的可能輕柔的告訴我「你的嬰兒是個蒙古症」（mongoloid）我感到相當的驚訝，我不知道他說的意思，但是知道它是不好的。在那個撕裂的時刻，就好像我組織好的整齊生活已經被粉碎了…我發覺了我從不知道存在在我自己內心的感覺。我的反應由苦澀到爲我自己及孩子感到悲哀。我不得不想，雖然我的孩子看起來是正常的，但是她的問題是無法以整形手術矯治，如同孩子本來的樣子（Kinman, 1982：138-139）。

永久無能力孩子的母親比較會去體驗一些感覺——恐懼、生氣、寂寞、愧疚，以及自我懷疑，尤其是平常的（Featherstone, 1980）——而且會很困難的完全傳達他們的世界是什麼樣子。正如同一位孩子患有生死攸關的疾病的父親所說的，「能知道身爲一個殘障孩子的父母親是怎麼一回事的唯一的方法就是你也是其中之一」（Klein, 1980：55）。

嬰兒的氣質

英國文學最有名的其中一句話是Leo Tolstoy小說的開場，Anna Karenina（1878）：「快樂的家庭都是相同的，而每一個不快樂的家庭都有其不快樂的方式」。Tolstoy的短文是很像詩的，但是坦白的說它是錯的。研究顯示

快樂家庭並非完全相同的，快樂的家庭也以其個別方式而不同。

　　直到最近，孩童心理學家們認同於類似Tolstoy的家庭的觀點來看嬰兒的觀點。他們相信，即使在不正常的嬰兒之間都有很大的不同存在，而正常嬰兒在本質上是相同的。然而，以新研究爲基礎，孩童心理學家們現在告訴我們，他們過去是錯誤的，嬰兒確實有相當大的不同。其次，嬰兒的性情或特質不僅只是社會化的產物，而是嬰兒在出生時就已有不同。再者，孩童心理學家能夠考證嬰兒氣質的不同對他們的照顧者行爲的影響 (Bell and Harper, 1977; Roberts and Miller, 1978) 。

　　嬰兒之間是如何的不同呢？基本上，氣質有九個向度：「活動力的程度、生物功能的節奏性（規律性）、對新事物接近或退縮、對新的或改變的情況的適應力、對刺激應對力及敏感度、心情的反應品質的密度、精神不集中程度，注意力集中時段及堅毅力」 (Thomas and Chess, 1980：71) 。因此，例如，說到睡覺，正常嬰兒可能非常愛動而不規律的，碰到新的經歷時大叫大喊，而且討厭改變舊習慣。他們也可能對雜音有較低的容忍度，不論你做什麼心情都不好，以極密及極大的精力應對於幾乎任何情形，即使短時間內也不能集中精神，而且非常地頑固。而另一些嬰兒可能正好相反。

　　在全部的嬰兒中約有百分之十的嬰兒是可能被稱爲「困難的」嬰兒 (Thomas and Chess, 1980) 。就上述指

明的各項特徵而言，這些嬰兒是永遠的愛哭者，不安的睡眠者，是那些似乎不可能高興的人。照顧這些嬰兒需求會給予父母親相當大的壓力。

> 嬰兒尤其是在夜裡哭…他似乎是疝氣痛（colicky）（譬如，他的胃在痛）。不論什麼藥，他好像變得更糟糕。有時候我過去是蠻不體貼的把藥放入他的嘴中。我開始愈來愈覺得和他疏遠。由於我丈夫是個男人，他無法應付孩子的哭，我必須把自己和孩子關在房間裡，並空下整個地板給他幾小時。我相信孩子會感覺從我這裡缺乏愛。他變得更壞，我必須花白天及晚上大部分的時間和他在地板上走來走去。有時候我只有一小時的睡眠，而且在這期間，我真想把孩子丟向牆壁。這些感覺是如此的真實及強烈，我發現分辨哪個想法是最真實的實在是有點困難。

這是自從孩童發展專家John Kirkland為家裡有「好哭的」（criers）嬰兒的人們成立診所後，在幾百封來信的其中一封的引述。這家診所——CrySoS——幫助父母親去更瞭解什麼是造成孩子哭的原因，並教導他們如何有效地處理夜哭的嬰兒們。

你將會注意到那個母親所表達出來其中一個感覺，就是想把孩子丟向牆壁的想法。她也承認有時候當她餵他吃藥時是有些草率的。嬰兒是很難照顧的——不僅是嬰兒他們常哭，而且未成熟及出生重量過輕的嬰兒以及身體上及

智能上障礙的嬰兒——有更大的危機會被他們的父母親及
照顧者虐待。眞的，「任何被認爲有點『困難的』的孩子
似乎都會碰到較大的不當對待的危險」 (Gelles and
Cornell, 1985：54) 。

一直在改變的嬰兒

嬰兒隨著時間在過程中一直在改變，也給予他們的照
護者不同的要求。例如，一個兩星期大的嬰兒毫無疑問是
無助的，但是他也可能睡的時間較多，而且不會翻身及爬
行。因此，一個兩星期大嬰兒的父母將發現當嬰兒在睡眠，
或他是醒著的而坐在嬰兒椅或躺在搖籃裡，他們可做嬰兒
出生前他們能夠做的事情（例如，吃晚飯及看電視而不被
干擾）。換句話說，這些父母親將學習到，正如同其他繼
續適用範圍的照護者已學習到的——他們不須完全地有求
必應去實行他們的責任，只要一半的可接近性（隨叫隨
到）可能正是和完全的可接近性（當班）一樣的有效率。

但是當孩子長大一點時又是該如何呢？在某些方面適
用範圍的程度會增加。大一點的嬰兒會睡的比較少，而且
他們較愛動，能夠爬行而且也許可以走（東倒西歪的
走）。有一歲大孩子的父母親經常將抱怨他們必須更警戒
的以確定孩子將不會由於爬出他的搖籃而傷到自己，或把
他的手指插入電氣插座內。父母親的生活似乎更忙碌，因
爲必須和孩子有更多的互動——也就是說，必須更經常地
對他們的孩子有求必應——以使他安全及歡樂。有些父母

想以在他們的家裡「防止嬰兒」的方式，而減少他們的當班的密集度。譬如，他們可能把小物體自咖啡桌移開而且把塑膠栓插入所有的電氣孔內。然而，所有防止嬰兒的措施都只是填補空穴。有良知的父母親會立刻知道他們仍需隨時注意（有求必應的）他們的孩子。

父母的承諾

嬰兒所接受的照護的程度不僅是他們是什麼樣子（而且他們正好是多麼的無助的）的功能，而且是他們的父母如何承諾去照護他們的功能。而且承諾的父母是如何去照護他們的孩子們，主要是倚賴兩件事：父母關於孩子的理論以及他們對孩子的感情。

關於孩子的理論

可能有兩組父母，他們的孩子除了在同一天出生，有同樣的健康狀況，而且有一樣的氣質。然而供給孩子的適用範圍的程度可能會有很大的不同──因爲父母正好相信孩子的理論是不同的。第一組父母可能會相信，不論何時父母親在孩子需要他們時就隨侍在側是很不好的，因爲父母親是在冒寵壞孩子的危險。另一方面，第二組父母相信父母親應該順應於不論何時孩子需要他們時，如果他們不如此做，他們的孩子將認爲他們不愛他。第一組父母似乎

較第二組不保護他們的孩子，而且因此我們會期望第一組家庭的適用範圍是比第二組的為低（例如，孩子摔倒並開始哭，但是很明顯的並未受傷。你會立即安慰孩子嗎？第一組的父母可能會說不；而第二組會說是）。

整個歷史裡，孩子一直被施以各種不同的方式（養育、教養，以及撫養），而且在一個特定時間父母親所使用的策略似乎和在那個時間受歡迎的關於孩子的理論有關聯（Skolnick, 1983：321-348）。

舉例來說，在中古世紀期間，三到四歲的孩子會被認可為小成人（miniature adults）。不僅是穿著像個成人（也就是，穿成人所穿的衣服，只是小一些）；他們也表現的像個成人，玩成人們玩的遊戲以及參加成人的慶典（Aries, 1962）。

然後孩子有個形象是小惡魔。這裡的理論（其中是以John Calvin所最先提議）是孩子基本上是墮落的，並需要嚴厲的訓誡——如果他們要長大成為可自立的公民。附議此觀點的父母將認同此諺語「玉不琢不成器」（Spare the rod and spoil the child）的文字意義，而且鞭打或其他形式的打罵孩子是較常使用的管教方式。

作者的羅曼蒂克式的學校（Romantic school）把孩子看成「高貴的救世主」（noble savages）。羅曼蒂克式的學校人士相信一個孩子的認知是較一個成人的認知更有效的，因為它尚未被工業的社會所破壞減弱。盧梭（Jean Jacques Rousseau），羅曼蒂克式的學校的領導人物，他

曾經說，例如，「每件事都在男人手裡退化」（1762）。
其重點在允許自然的正面力量於孩子身上發展而無限制，
盧梭經常被指為父母親的寬容之父（Borstelmann,
1983）。。

　　在維多利亞時代，孩子是被認知為純潔的人類，而且
孩童身分就被看作是玩的時代。James M. Barrie所寫的
《彼得潘》（*Peter Pan*）（1904），關於一個孩子從未
生長的奇幻之地，是個在當時深受孩子喜愛的孩子形象的
縮影。

　　二十世紀——以及心理學家例如赫爾（G. Stanley
Hall）佛洛伊德（Sigmund Freud ）和皮亞傑（Jean
Piaget）的作品——引導出一個觀點：孩子是進步的人
類。發展心理學家相信在出生之始，孩子是涉及一個成熟
化階段之旅。也有一些發展的心理學家也相信孩子於他或
她的生活的早期階段好壞，會對未來發生的事有影響。例
如，一個孩子無法掌握第一階段的發展性的工作，將會拙
於處理第二、三、四以及其他各階段的發展性工作。

　　雖然今日的父母在養育他們的孩子時，傾向於使用這
些理論的一部分，而現在，孩子的理論是在流行中——尤
其是在最先進的社會裡——孩子是進化人類的理論
（Skolnick, 1983：325）。這個範例，事實上是如此受歡
迎，以致產生出整個企業——親職教育的生意。

　　每個學院和大學和每個高中都提供孩子發展及發展心
理學的課程，而且有幫助父母親發展他們孩子的潛能的書

籍及雜誌更是供不應求。

> 嬰兒書籍倍數成長的如同尿布疹；國家的渥登書店
> (Walden books) 連鎖店就賣二百五十多種書目，
> 而且銷售量上揚六十四個百分點…當他們把它們移
> 至書店前面。雜誌──《父母親》 (*Parents*)，《美
> 國的嬰兒》 (*American Baby*) ，《上班族母親》
> (*Working Mother*) ──到處都是，而報紙也是如
> 此；《成長的嬰兒》 (*Growing Baby*) 將會每月寄
> 給你一種專門的有關學前教育生活的公告欄，持續
> 六年 (Langway et. al., 1983：68) 。

　　甚至玩具業也試著抓住對幫助他們的孩子爬上發展階
梯的大好機會。嬌生公司已開始上市一整系列設計以「放
進」一個「嬰兒的技能」 (baby's skill) 的玩具。例如：
該公司所售的嬰兒圖書，並不是單獨銷售而是以十七頁的
「孩子發展圖書」來指導父母如何幫助他們的孩子「邊玩
邊學」。

　　而超級嬰兒運動也是孩童發展範例中的副產物。很多
父母親由嚴酷的教育課表中督促他們的嬰兒──試著使他
們成爲「超級嬰兒」──因爲他們相信如此做將可確定他
們的孩子未來的成功。有兩個孩子的母親 （一個九週大而
另一個三歲） 歸納了她們大多數的感覺，當她說：

> 進入學院是有這麼多的壓力…你必須早日開始並使

他們朝此目標邁進。他們必須知道每件事——字母、
數字，以及讀書。我要盡可能地填滿此塊小海棉
（Langway, 1983：62）。

　　關於發展的範例裡，深具意義的是由期望的父母所許
下承諾的程度。嬌生圖書出版公司鼓勵父母不僅是把玩具
交給他們的孩子，而是認眞地使他們的孩子正確地使用玩
具。換句話說，根據發展的範例，成爲一個好父母需要的
不僅是「隨叫隨到」（例如，在耳朵聽力所及的範圍）當
孩子在周圍時；成爲一個好的父母是指無論何時都要「當
班」而且把當班時間致力於指導性的活動。

　　當然，並非每位發展心理學家都是一個超級嬰兒的擁
護者（只有極少數是），而且並非所有的父母都感覺到被
強迫去教他們的嬰兒如何讀或立刻地會用一台電腦。但是
不可否認的是，發展的範例強烈地鼓勵父母和他們的嬰兒
們能互動——也就是說，和他們說話並擁抱他們的孩子
——而且，因爲這個原因，在這個社會裡父母親承諾增加
相當程度的責任以及父母與嬰兒的接觸的整體品質。

對孩子的感情

　　幾年前派駐在喬治亞洲的班寧堡的士兵，被控對小孩
殘酷而判訴有罪。他五個月大的女兒死於腦部血管破裂，
而且在警察調查的過程中浮現出下列的事實。那孩子常在
被她父親去工作時被獨自留下，在一天中至少十小時。她
在死之前已經有三天沒有食物及水。當時是十二月份，她

被放在一個沒有暖氣的大拖車內。 (Atlanta Journal, 1981) 。

　　我一直在說的大部分，到目前爲止都假設父母親愛他們的孩子，而足以保護他們免於嚴重的傷害（甚至父母親把他們的嬰兒視爲小惡魔並倚賴體罰，仍是愛他們的孩子的行爲）。然而，正如同班寧堡士兵的故事所展現的，並非所有的父母親愛他們的孩子如同你和我愛我們的孩子一般。

　　我提示有些父母對孩子的愛的份量可能少於或多於其他父母對他們的孩子愛的份量，這可能很奇怪。畢竟，難道所有的父母不愛他們的孩子嗎？證據顯示出答案是不。學者們開始質疑年代已久的老想法——父母親的愛是一種自然現象，正因爲你生物學上的和你孩子緊密結合你必然地對你的孩子有大量的感情。

　　歷史學家告訴我們在十七及十八世紀期間，父母親「對二歲以下的嬰兒他們的發展及快樂是不關心的」(Shorter, 1975：168)。例如，雖然我們對於父親在外出工作時把女兒獨自留下的想法感到氣憤，但是這在二百五十年前的歐洲是平常的行爲。有時候嬰兒會被獨自地留在他們的搖籃裡，在其他時候他們會被襁褓，這表示他們從頭到腳都被包裹起來，如此一來他們不能動，而後則被吊在鉤子上一或樹枝上連續數小時，使得他們通常和自己的排泄物悶在一起。另一種慣例——尤其在十七世紀和十八世紀初期的法國是很常見的——把嬰兒送給付錢的奶媽長

達二至四年。

在一七八〇年的巴黎，二萬一千個孩子出生中（八十萬到九十萬的人口），由母親餵養的孩子低於一千個左右，然而其他一千個孩子則是由住在家裡的奶媽餵養。其他所有的孩子——那就是一萬九仟個孩子——都被遠送至奶媽家。這一萬九仟人中僅二千至三千個孩子的父母是有不錯的收入，可把孩子放在巴黎的近郊。其餘的，較不幸運的則被包裹起來送至偏遠的地點（Badinter, 1980：42-43）。

父母鮮少去看他們送走去餵養的嬰兒們。他們對孩子的成長及發展知道的是多麼的少啊！典型來說，他們都是由郵件中得知。

親愛的女士：

我寫信告訴你有關於你的心肝寶貝，並且同時問候你近來過得可好。你的小寶貝是很好。他有點駝背，但是我帶他去參加朝聖之旅，花了我三塊錢法郎，而他現在已好多了。令人驚訝的他長的像你丈夫。我是否可以請你寄給我小鞋子，因爲他即將很快地會走路了。也很快到了買給他衣服穿的時候了。他長牙一直是很困難的，我必須在每件他拿的東西上面放糖。如果方便也請你順便寄一些糖及一些肥皂。代我向你丈夫問好。

你的奶媽 (Shorter, 1975：178) 。

把孩子送離家裡（襁褓衣服內或外），或送他們給奶媽的原因經常是財務問題。例如，「屠夫和麵包師傅的妻子傳統上都要看店。如果由母親餵養她的孩子，她的丈夫就必須被迫雇用某人來取代她的位置…（而且在經濟上）送孩子給奶媽養育，比雇用一個無技術的勞工花費的少」(Badinter, 1980：48)。然而，有些父母並無財務困境，卻選擇不照顧他們的孩子或把他們交給住很遠的奶媽手裡。我們如何來看他們的行為呢？

有很長一段時間學者聲明，高居不下的嬰兒死亡率使父母失去勇氣再和他們的孩子生活在一起。因為嬰兒的存活率是微渺的（在十七世紀歐洲的有些地方多達每十個就有四個嬰兒於他們的第一個生日前死亡），父母為避免看到所心愛的人死亡，而以不允許他們自己發展對他們的孩子的一種喜愛之情而備受爭議（例如，Aries, 1962：38）。然而，有些學者開始轉變此議題，說到在傳統社會的高嬰兒死亡率原因而是缺乏父母對孩子的感情所造成的結果。

> 如果嬰兒死亡人數很多，那不是因為超過父母親所能控制的一些因素的干涉（例如：女性和疾病）。它是父母有很大影響的周遭狀況造成：嬰兒食物、斷奶的年紀、床褥的清潔，以及嬰兒周遭一般的衛生情況——這和如何做母親的有形因素較無關，例如，

抱起嬰兒，和他說話及唱歌，使他覺得生活在一個安
全的小宇宙的感覺 (Shorter, 1975：203-204) 。

換句話說，有些父母沒有照顧他們的孩子，因爲他們
不想照顧他們的嬰兒。爲什麼他們不想照顧他們的嬰兒
呢？因爲他們較迷戀於他們的婚姻，職業，以及休閒的追
求，遠勝於迷戀於他們的孩子 (Badinter, 1980) 。

社會心理學家告訴我們，以某個程度而言，我們致力
於任何活動都是因爲那個活動有社會價值的功能；相較於
選擇性活動的社會價值 (Thibaut & Kelley, 1959) 。也
就是說，你如何的想做某事——你如何的致力於做某事
——要視你的其他的選擇而定。如果你並無其他選擇，基
本上你是被迫從事一系列活動，而可能會發展出對此活動
的喜好，可能只是讓你自己感覺好一點 (「它畢竟並不是
這麼糟」) 。另一方面，如果你有很多選擇，你一般來說
將會選擇對你最有價值的選擇。

在十八世紀，法國的一些父母只是覺得他們還有比照
顧他們的孩子更「好」的事情要做。

孩子不但干擾到母親的婚姻生活，也干擾到她的娛
樂。爲了孩子而使自己忙碌是旣不喜歡也不流行的
…女人世界的樂趣被發覺原則上是在社交生活裡：
接待客人及拜訪，炫耀一件新衣服，跑去看歌劇和戲
劇 (Badinter, 1980：70-71) 。

那麼現在又是如何；今日的父母是否也和十八世紀歐洲的父母一樣不喜歡他們的孩子？首先，班寧堡的事件也並非一件單獨的案例。每年有成千個被父母忽視的孩童——孩童於父母外出工作或看電影時被獨自留在家中，孩子被忽視，是因為他們的父母覺得他們有比照顧他們的小孩更「好」的事情要做（Gelles & Cornell, 1985）。

有些社會學家覺得，雖然在十九和二十世紀期間對孩子的感情有上升，但是在過去的二十年左右它卻是有點下降的（Badinet, 1980:327-328）。而且有一位社會學家更甚至說現代西方社會「是對孩童有很深地敵意」，那就是基本上今日的成人「不喜歡孩童」（Greer, 1984：2）。

我認為這是較極端的說西方社會對孩子是漠不關心的（就正如同一樣的極端說所有十八世紀的歐洲對孩子是漠不關心的），但是我真的認為在過去的二十年，我們社會的一些層面是有增加地視孩子為討厭的人。我並不是在討論決定不要孩子的夫婦。我想討論的是把他們自己的孩子看成是侵入者的父母。

再次地，如果你對一個活動的承諾是那個活動相關的社會價值的功能是正確的，那麼我們就不能忽視一個事實，因為我們的社會已變得更事業導向（也就是，比以前多的人活著是為工作而非為過活）而且更休閒導向，因此，對一些人來說，照護孩子變得不「吸引人」了（LaRossa, 1983）。

舉例來說，報紙上有一新聞，關於一個舊金山父親在

金門公園慢跑，而且很顯然地他正在跑步以致沒有注意他所帶在身邊的三歲女兒正在跑道旁哭著叫「爹地，爹地」。最後在他的下一趟行程，他聽見她的叫聲，但是只停下來告訴她，他不能夠看顧她，所以她應該主動看著父親 (Gustatis, 1982) ——這是關於持續性涵蓋範圍問題有趣的反諷。寫這篇文章的記者想知道今日有多少父母是如此深陷於他們自己的追求，以致於他們無法爲他們正在哭泣的孩子找到閑暇時間。我猜想有可能很多是超過我們所瞭解。

你可能會問，如果他們不能被他們的孩子干擾，爲什麼這些人要成爲父母？我只會提醒你成爲父母的決定是在很多產後壓力（社會視成爲父母親的人爲「正常的」而那些不是的人爲「自私的」、「怪異的」等等）的情形下而決定的；而父母的身分正是如此，很多人不是眞正的知道對孩子的感覺如何，直到他們有了自己的孩子（不像其他的工作，你無法先實習爲父親或母親）。換句話說，由於社會結構的條件，使不承諾於孩子的照顧的人最後仍然有孩子，這是無法避免的。

還有另一個理由說，西方社會對孩子漠不關心是錯的。如此一個普遍的譴責忽視了一個事實，今日有很多父母是非常地喜歡他們的孩子。眞的，雖然我所說關於照護嬰兒的每件事都是眞實的——持續性的涵蓋範圍確實需要很多的關注——父母親一般來說願意忍受髒的尿布以及沒睡覺的夜晚，因爲他們非常地愛他們的孩子。

要去傳達父母親對他們的孩子情緒上的依戀是很困難的。如果你自己本身是父母，你可能不需要解釋。它不是一種性別之愛而是一種身體之愛。把嬰兒抱近你會產生雞皮疙瘩以及眼淚並非是不尋常的。在十七及十八世紀期間很多父母對嬰兒的死並不覺得悲傷（Badinter, 1980; Shorter, 1975）。在今日，一個嬰兒的死是一種椎心刺骨的經驗，一種讓一些父母親永遠無法平復的經驗（Peppers and Knapp, 1980）。父母親之愛也不侷限於母親們，在今日很多父親跟著他們的孩子「牙牙學語」。一個研究顯示，父親和他的妻子分擔照顧孩子的責任，父親承認他是「絕對愛…熱情地愛」他的女兒（Ehrensaft, 1985）。

如果你還記得，我稍早說過關於成為父母是充滿矛盾，它需要花大量的努力，但是它也是一個人能有的最具回饋性的經驗之一。然而，關於矛盾的有趣的事是，成為父母的負面典型上是和社會學家所說的「有幫助的」層面的關係有關（例如，增加的工作量），然而正面通常是和「表達的」層面（去愛某人）有關。事實上，我們知道負面的遠多於正面的——對於前者過渡為父母身分的研究遠多於後者——也許是由於社會科學家傾向於集中在有幫助的遠多於表達性的研究。我的希望是最近對「情緒的社會學」的興趣（Kemper, 1981），將驅動學者開始更小心地檢視父母——嬰兒關係的表達性的層面。

總而言之，對嬰兒的感情不是維持不變的自然現象，

而且也不是所有的父母都一樣；反而，它是一個總在變的
社會過程，而且是對不同的人就會不同。父母親們是如何
的喜歡或愛他們的孩子和他們如何承諾於照護他們的孩子
有關，一般來說，愛愈大，承諾就會愈大。

父親相對於母親

質和量的不同

「新父親」（new father）是最近被關注的焦點。以
典型範例來說，新父親不想重犯他父親所犯的錯；他不想
因爲太專注於他的工作及朋友以致疏忽他的孩子。所以，
新父親常努力多花些時間在陪孩子，做他從未做過的事
——那就是當父親。新父親也不會等到他的孩子年紀大了
才開始去瞭解他們；他會比較早開始。他喜歡感覺孩子在
他妻子的肚子裡踢動；他會要求在生產時在場，恭賀新生
命的到來；而且拍下孩子的第一張照片。並且，儘管他可
能不喜歡，他也會讓他自己負起持續照護嬰兒的責任，換
最髒的尿布，並接受孩子在半夜到凌晨六點鐘間要成人餵
奶的那份責任。

新父親的真實情形如何？他是真實的，但是，他是不
可能做到如同有些人要我們所相信般的接近事實。在今日
的父親，對孩子涉入之深真的遠超過他們的父親對他們，
但是，他們可能仍遠遠落後於母親們。有非常多的研究都

顯示，談到嬰兒照護，母親仍是首當其衝負主要責任的人。

　　學齡前孩子（最小從零歲到五歲孩子）的父親，舉例來說，一天約花半小時在照顧孩子的活動上，然而，學齡前孩子的母親，一天則平均約花近兩小時在這些活動上。你可能會覺得這是一個不公平的比較，因為〔根據美國勞工局統計資料 (the U.S. Bureau of Labor Statistics，1981)〕學齡前兒童母親有半數是沒有外出工作，所以本來就有更多的機會和她們的孩子在一起（參考Waite, et al., 1985）。但即使是控制就業因素，並只檢視丈夫及妻子都離家在外工作的家庭，顯著的差異性仍然存在。妻子有工作的父親無法像妻子沒工作的父親般與孩子互動；這兩者一天都約花半小時在照料孩子的活動上。至於母親方面，沒有工作的母親每天約花二個多小時與他們的孩子互動，而那些有工作的母親則一天約花一個半小時 (Pleck, 1983)。

　　有關調查照護嬰兒分工的研究，一般來說，都有同樣不平衡的結果。例如，有一對夫婦的例子，當孩子只有三個星期大時，父親們僅貢獻佔全部所需照護的百分之十三，而當他們的孩子三歲大時；其貢獻不超過百分之十七 (Katsh, 1981)。再次的，你可以說可能是因為父親們不如母親常待在家（她可能請產假）。但是在雙薪家庭中，父親們明顯地花在與孩子在一起的時間比母親們少 (LaRossa and LaRossa, 1981)。

　　父母親和他們孩子相處所花的時間，並不是做父親和

做母親唯一的區別。研究顯示，父親們花在和他們的嬰兒
在一起的時間，通常是以「遊戲（play）爲主，然而，母
親們和她們的嬰兒在一起所花的時間，則典型地涉及「監
護的活動」（custodial activities），例如換尿布、餵食，
以及洗澡（Katsh, 1981）。至於父親們和他們的嬰兒所從
事的遊戲，一般來說，「父親——嬰兒的遊戲很快地會讓
嬰兒從注意力的頂峰轉換成到最低的谷底，然而母親
——嬰兒遊戲則展現出較逐漸的轉換」（Parke,
1981）。換句話說，父親們花在他們嬰兒身上的時間是極
少量而且可能常是被分割或短暫區段的時間。

　　父親們也不可能花很多的時間單獨地和他們的孩子在
一起，也就是說，他們其實把所謂對新生兒的可接近性的
認知曲解了。他們可能認爲，他們知道什麼是嬰兒照護，
對他們自己晚上及週末的行爲而感到自豪，但是他們常不
能瞭解的是，有兩個成人照護一個嬰兒時，這件事會變得
容易多了。

　　有位父親他是物理學教授（一個從未花任何時間單獨
地和他的男嬰在一起的父親），告訴他的妻子，他對她缺
少活動感到失望。他問妻子爲什麼已經停止縫衣物？她回
答她哪裡有時間？在她整天都在家中陪孩子的情形下？父
親無法瞭解照護一個一個月大的嬰兒是如何使某個人無法
去縫製衣物，所以他的妻子挑戰他，要他自己一人花一天
時間和他的兒子在一起。父親接受此挑戰，而以下的描述
（是縮短的形式）是這一天如何進行的過程：

8:45　　起床沖澡。Edward是安靜的。

8:55　　在沖澡時，Edward哭了，我在沖澡中途先跑出
　　　　來。

9:10　　Edward又安靜了，為什麼？誰知道。再回去沖
　　　　澡。

10:00　　老天保佑！Edward在睡覺，我沖完澡、刮完鬍子
　　　　也穿好衣服。洗澡及穿衣服所經過的時間：約一
　　　　小時十五分鐘。

10:30　　整理好床／碗也洗好。令人驚訝很輕鬆，我坐下
　　　　來讀（物理學）的報告。

11:00　　當Edward清醒時，讀報告很困難——有十五頁
　　　　之厚。

11:00　　Ellen註明這個小時是遊戲時間。你要如何和
　　　　Edward玩遊戲？他太小不能跳躍。打開收音機
　　　　…與他跳華爾滋。Edward很難知道他要什麼。

11:30　　Edward瞪視著喇叭。

11:45　　奇妙的問題解決了。Edward需要大便（bowel
　　　　movement）；因此，他全神貫注，但大便弄髒
　　　　了他的尿布及衣服、還有我的襯衫袖子和客廳的
　　　　地毯。

12:15　　尿布、衣服，以及我的襯衫都換過了。地毯也刷
　　　　過了。Edward哭著要奶瓶，哭聲非常的健康，我
　　　　很少聽過這麼健康宏亮的哭聲。他是否想念媽
　　　　咪？胡扯！

12:40　　餵飽了Edward，而且也睡覺了。我就讀書。

1:55　　我醒了。我不知道是什麼時候睡著的，也不知道
　　　　為什麼睡著了。看了看錶，看起來在孩子醒來又
　　　　要食物以前，我還有三十四分鐘。我也要食物
　　　　了。

2:15　　當Edward哭時，我太早從烤箱拿出烤了一半的
　　　　起士三明治。起士的中間仍是涼的。我才吃了四
　　　　口，因為Edward變得非常躁動。牛奶（我的，已
　　　　經倒好了）也必須等餵完他才能喝。

2:55　　無法安撫Edward。我還是沒辦法餵他。因為，剩
　　　　下的牛奶是冷凍的；而且時間還未到。怎麼辦？

3:05　　讓牛奶放在一盆水中解凍，Edward在哭，血壓快
　　　　衝上屋頂。每一分鐘我都在數著，Ellen會在三點
　　　　半回來，我能成功的完成嗎？（Jaffe and Vier-
　　　　tel, 1979：130-131）。

　　最後，Ellen在三點四十五分回來——晚回十五分鐘
——就碰到一個「咆哮的丈夫」（snarling husband）當
她走進門時，他吼道「你不要再無緣無故的晚回家了！」

　　父親們也極少在父母心理的勞力上分工（Ehrensaft,
1983）。我指是記在腦子中的像是什麼時候該帶孩子去看
醫生，或什麼時候該由流質轉換爲固體食物，或什麼時候
要買新衣服以及諸如此類的知識。（注意，例如，物理學
教授說，通常總是他的妻子告訴他什麼時候該和他的兒子
一起玩遊戲）。

　　父親們的意願傾向於將這些心理層面的工作委託給他們的妻子，而且，母親們的意願也是去接受這些工作的責任，這些都凸顯出一個事實，那就是父親們一般都被認為是代理的父母親或是母親的助手。在這方面值得注意的是，父親們將他們花在和孩子在一起的時間，經常都說成是「在做褓姆」（baby sitting）對某些母親們而言，她們極少會把她們與孩子的活動說成如此（LaRossa and LaRossa, 1981）。去做褓姆（baby sit）是指「通常是去照顧短時間父母親不在家的孩子」（*Webster's New Collegiate Dictionary,* 1977:81）。就技術層面而言，父親們不能做他們自己孩子的褓姆，是因為他們就是他們孩子的父母們。然而，事實上，男人認為他們自己是褓姆，也說明了他們是如何看待他們身為父親的角色。很明顯地，對很多男人而言，成為一個父親表示父母的身分。

　　即使當父親們試著去超越自己，成為母親們的幫手，當他們試著去分擔照護孩子（例如，規律性的和他們的妻子替換照顧孩子），他們仍然缺乏他們對自己的身分認知（意識到他們是誰），父親們很少與其父親身分有緊密的結合，而且也不如他們妻子對母親身分的認知（Ehrensaft, 1985）。另一種方式來說，對照於母親們，分工的父親比較容易因為提醒而進入做父母經驗，而且這裡的提醒是指「為人父母」（parenting），是指你做的事，而不像是你是某人而有做父親的經驗。（Ehrensaft, 1983：55）

解釋其間的不同

解釋為何嬰兒照護的分工是如此的不平衡——儘管最近的改變——是行為的及社會的科學中的棘手問題之一。它也是最重要的問題之一。

有些人認為這些不同，純粹是生物學的功能——這裡存在一個「母性本能」（maternal instinct），指的是母親不但想去養育他們年輕的一代，也知道如何養育他們。那些贊成此看法的人，經常也是在人類及非人類之間畫了一道平行線。

實際的狀況而言，有些非人類的靈長類顯示出和人類相似的孩子照顧模式；但是有一個不容忽視的事實是，這些平行線距離完美還差得遠呢。例如，雄的恆河猴經常對嬰兒極少表示興趣，但是牠們以「清理裝扮」（groom）嬰兒猴，到如同雌恆河猴的程度而聞名，而且牠們和牠們年輕一代的互動，常常會在當雌猴不在時而「增加」（enhanced）（Redican, 1976）。證據顯示，在歷史中有一段時間母性的嬰兒照護程度是很低的（例如，十七至十八世紀母性漠不關心的證據）也提示母性的本能這種解釋是不完全的（Badinter, 1980）。

第二個解釋嬰兒照護分工的不平衡是Alice Rossi「生物社會」（biosocial）的解釋（Rossi, 1977, 1984）——那裡，你可能回憶，我於第一章討論過。根據Rossi所言，染色體、荷爾蒙、以及精神上男女都各有不同，這是構成做父親和做母親不同的原因。例如，她提到因為她們

生物的構造（舉例來說，她們明顯的對情緒的細微差別較敏感）「女人在瞭解嬰兒臉上的表情比較容易有個頭緒」，也因此她們較能夠和她們年輕的一代作溝通（Rossi, 1984：13）。

Rossi的理論是頗具爭議性的，並且一直是在許多場合裡辯論的主題（參考Altman et al., 1984; Gross et al., 1979）。有些學者質疑他們所見到的是Rossi對證據選擇性的使用，她傾向於只集中於支持她觀點的研究。另一些人相信，她所暗示生物學的不同在解釋相當大及複雜的社會不同是不一致也不夠顯著的。Gross（1984）指出，舉例來說，「Rossi的主張是男人對嬰兒的應對比女人少」，她忽略了研究中所顯示「性別（sex）（男性相對於女性）不同，對嬰兒的應對也需因此而有所變化」通常取決於情況、反應的類型，以及目標的角色關係（例如，陌生人、父母親）的角色關係（參考Berman, 1980）。

我正好是那些相信Rossi忽視權力及經濟在嬰兒照顧的分工上所扮演角色的人之一。然而，我也認為Rossi的理論無以判斷，也許未來下個二十年的研究將會使我們更有效地瞭解生物社會學的觀點，Rossi已挑起社會學家嚴重去檢視生物學以及社會學之間的關係，我想這是個好現象。

第三個解釋為什麼母親比父親較可能去養育孩子的是Nancy Chodorow「心理分析」（psychoanalytic）的解釋（Chodorow, 1978）。以佛洛伊德及其追隨者的作品為基礎，Chodorow爭辯女人比男人有更大的能力去養育

他人（不僅是孩子也包括一般的其他人），因為女人和她們的主要的照顧對象間的早期關係，比男人與他們照顧對象間的關係較少發生問題。根據Chodorow所言，一般來說關鍵點在於女人是由同性別的人所撫養，然而男人則由異性別的人所養育；也就是說，男人和女人一樣都是由女人（母親們）所養育的，母親的性別和她們的女兒相同，卻和她們的兒子性別相衝突。

為什麼一個人的主要照顧者，其性別在一個人的養育能力上會造成不同呢？

因為母親和她們的女兒是相同的性別，而且母親也曾經是女孩，女兒們的母親不想去經歷這些女嬰們與她們分開的情況，就如同母親們不願和她們的男嬰們分開一般。在兩個案例中，一位母親可能會體驗形同一體的感覺，以及和她的嬰兒之間會有持續性。然而，這種增強的感覺且相對於女兒們更長…因為她們和她們的兒子性別不同，對照之下，母親體驗出她們的兒子是一個男的異性。兒子們傾向於和她們母親有不同的體驗，而母親們促使這不同化的發生…由這階段成長以「同理」（empathy）為基礎的女兒，在自己心裡建立了她們主要的定義，而男孩們則沒有。女兒們也在經歷別人的需要或感覺就如同是自己身歷其境的強烈基礎下成長（或認為一個人是可體驗於別人的需求及感覺）…男性的個性（對

照下）被定義爲較否決的關係和關聯（Chodorow, 1978:109-110, 167, 169）。

Chodorow的理論，如同Rossi的，受到相當多的注意，而且也是在許多場合中辯論的主題（參考Lorber et al., 1981, Thurman, 1982）。這理論的價值是，它提供了男人和女人間個性差異的詮釋。而研究人員所觀察到的；例如，有證據顯示女人傾向於更具同理心（empathetic）的（Rossi, 1981）。而且，此理論至少建立了爲什麼母親們偏愛在家和三個月大的嬰兒一起，而不會全職工作的部分解釋（參考Hock et al., 1984）。另一方面，此理論的缺點是「文化和時間束縛」（culture and time bound）。

> 這問題是Chodorow試著去解釋中產階級的某些母親，並以心理因素或成就因素爲導向來解釋，（丈夫及兒子以事業爲重，母親及女兒以完美的孩子爲重）──簡而言之，一個孤立的核心家庭像以溫室來照顧兩個到三個孩子（Lorber, 1981:485）。

簡單的說，Chodorow應爲忽略了對父母身分的界定範圍是個歷史事實，而感到愧疚。

我想到的不平等的嬰兒照護的第四種解釋是──「女性主義」（feminist）的解釋。這觀點，就像心理分析的觀點般，視男人與女人與人們自己的父母親間的關係是具有高度意義的，但是，並不是考慮父母和孩子間性別的構造，

而是孩子社會化的過程本身（例如，年輕女孩們更可能被鼓勵去感受做父母，這是她們主要的職業）。心理分析觀點和女性主義觀點之間另一個重要的區別是，女性主義觀點並不只是集中在早年時期。女性主義者認爲，社會化在成人期及兒童期都對人類的生活有很大的影響（因此，事實上，各年齡層的女人都被鼓勵去感受做父母是她們的主要職業，這點是很重要的）。

　　母親們可能比較會照顧嬰兒是因爲她們被鼓勵去照顧嬰兒的說法，仍然是無解答的。爲什麼母親們要肩負照顧嬰兒的責任？女性主義者一般提議的答案是（以任何一種形式）男人主要的職責是鼓勵女人去照護嬰兒，因爲男人他們本身不想去照護嬰兒。那又爲什麼男人不想照護嬰兒呢？因爲照護嬰兒會「切割」（cut into）他們去做「更重要的」事情的時間，像是賺錢或升職（Polatnick, 1973）。

　　作爲女性主義者解釋的基礎是「權力」（powr）。它假設女人必須被說服去照顧孩子，而且男人有做這說服工作的權力。然而，有些學者認爲人們是無法被迫去提供孩子所需的照顧，因此，顯得女性主義的解釋並不充分。

　　　做母親是不可能使用強制方法的。臨床研究顯示，服從地去表現照顧嬰兒的行爲，像是餵食或清潔嬰兒——重生理但缺乏心理上的照顧是無法使嬰兒成長的。有關在人員不足的機構內的研究，發現嬰兒只受

到敷衍的照料，他們的照料者不抱他們也不和他們
互動，結果顯示這些嬰兒可能會有輕微地沮喪，普遍
地退縮、沒有心理上的相依，且完全無感情。還有在
一些極端的案例裡，嬰兒甚至可能會死亡…究竟，尤
其男人，或整個社會…強制女人做母親，而且期望或
要求一個女人去照顧她的孩子。除非一個女人，在某
個程度或在某個不知覺或知覺的狀況度，擁有能力
且其母性感覺到必須如此做，否則是無法強迫或要
求她提供充分的母性關懷與照顧（Chodorow, 1978:
32-33）。

有父母不能被強制去照顧他們孩子的想法，但是也有
人認為強制並非唯一的權力。如果他們相信任何做說服工
作的人有此權力（制度式的權力）（institutionalized
right）去控制他們，人們也可以被說服（驅動）（pow-
ered）去做某些事情。（Weber, 1947）。舉例來說，在美
國，人們深信選出來的官員有權力要求增稅、從事戰爭或
通過法案（或不通過法案——例如，平等權力修正案（the
Equal Rights Amendment））。

女性主義者也指出，男人必須使用他所有的權力去架
構成「哲理」（ideologies），並讓人們認為照顧孩子是
女人所該做「適當的事」（proper）。女性主義者相當懷
疑諸如「盡母親之職是本能的」（mothering is instin-
ctual）的文化觀點，因為，她們覺得這些想法是為了使女

人在家和她們的孩子在一起的辯解。

　　最後，女性主義者對於男人構成一個社會的回饋制度有相當的權力，所以使得母親身分變成女人可做的最佳選擇這個議題有爭論。如果你還記得，我曾說過，對一項活動的承諾是那個活動的社會價值功能，相對於其他活動的社會價值。如果女人對照顧嬰兒的選擇在實質的價值上已減低（例如，在她們的工作機會設上限），那麼照顧孩子可能會成為吸引她們最有力的選擇。而這也是隱含在她們承諾當父母親的理由（一個男人對於照護孩子以丟錢幣選擇，比照顧孩子這件事的本身更吸引他，這也解釋了男人對於當父母的承諾相當低）。

　　男人從哪裡得到這種權力去控制女人的生活呢？以今日來看，他們有一部分的權力是得自於女人是養育孩子的主要者的事實，這有效地減少了女人參與經濟及政治的機會，使她們變得倚賴男人（重點是強調「今日」，因為男人及女人間的權力關係是根據歷史的環境而變化，今日，生孩子使女人遠離了就業，是因為工業革命使工作和家庭間必須有所分隔）。因此，女性主義者主張女人沒有權力是源自於她們是孩子的養育者這種角色，而她們成為孩子的養育者又源自於她們沒有什麼權力（Polatnick, 1973; 參考Trebilcot, 1983）。

　　正如同你可能已經猜想到的，我偏愛女性主義的解釋（參考 LaRossa, 1977; LaRossa and LaRossa, 1981）。我因為它以社會學為基礎的說法而印象深刻（那

就是，它所給社會化、權力、制度化以及諸如此類的加權）。另一方面，我相信有關於做父母親這方面，我們仍有許多要事物要學習，因此如果將這四種解釋結合在一起，我們將會瞭解嬰兒照護的社會現實，而這點很快的就會變成一件很明顯不足以驚訝的事實。

結論

「我想要獨處」（I want to be alone）。有多少人知道這個陳述是源自Greta Garbo，那個女演員？也許只有少數人知道。最有趣的是，Greta Garbo，她自己聲稱她的名言常被錯誤引用，而她真正要說的是「我想要自由自在」（I want to be let alone）（Bartlett, 1968: 1056）。「獨處」（alone）是為了想要有私人空間而有的要求——在一間房間或房子，而且只有你在裡面居住。想要「自由自在」（let alone）是為了有私人時間而生的要求——不管幾秒、幾分鐘、幾點或幾天都可以，只要能不管別人的問答。一個人在一個很擠的房間內也仍然可以自由自在。很明顯地，Garbo所想要的是「可以無視於別人的問答或請求」。

成為父母對一個人的私人時間的影響大於對私人空間的影響。當然，你可能會失去一個房間，因為它已成為育嬰室；而且，你的房間也可能不像以前一樣看起來那麼

大；但是，一旦在你生活裡有了孩子，在以後最大的不同是必須擔負起照顧的責任——而且要可接近某個需要你的人。也因此重建新父母親的社會世界比什麼都來得重要；而使父母親角色成爲我們社會中最重要的社會制度，也是一件比什麼都重要的事。

　　有時候有人會問我，身爲一個探討父母角色的社會學家，是否會影響我自己在做爲父母所做的事。我總是回答「是的」。跟以前比，我現在更是一個好父親——是因爲我對社會學層面的接觸。經由社會的影響，知道我的行爲舉止並非固定的，給了我自由去選擇我要如何生活以及我要如何和我的孩子建立關係。

　　我希望當你讀完這本書之後，你也會更瞭解這個社會是如何塑造你，而你如何——和別人相關聯——塑造社會。而且，你將用此作爲基礎，去證明你的生活以及你周圍人、事、物的生活。

問題討論

1. 有嬰兒的家庭「持續性涵蓋的社會系統」代表何種意義？
2. 嬰兒之間是怎樣的不同？這些不同會對新父母親造成什麼樣的效果？
3. 使父母決定承諾如何照護他們孩子的因素是哪些？

4.誰更像是一個嬰兒的主要照顧者——父親或母親？
  爲什麼？

建議作業

1.約談一對孩子剛出生一個月的父親及母親，過幾個
  月後再次約談他們。試著去瞭解他們是否對於他們
  嬰兒、他們本身以及他們的父母，在態度上歷經了
  些改變。也問他們在照顧嬰兒方面如何分工，而且
  究竟這個改變是否會隨時間的流逝而改變。

2.買或借本Benjamin Spock最近期的書——《嬰兒
  和孩子照護》（*Baby and Child Care*），並且看
  看，你是否可察覺Spock提出有關於孩子的理論是
  什麼？以及他對母親及父親承認的感覺如何？

3.自願去做褓姆照顧某人的男嬰或女嬰。因爲你正在
  照顧孩子，想想你的行動及態度（例如，監視你的
  當班及隨叫隨到時間，並且問你自己你體諒孩子的
  情形是如何影響到你所提供照顧的程度）。

4.去某些人們喜歡帶他們嬰兒去的地方（例如，一個
  遊樂場或商場）並觀察父母親如何和他們的嬰兒以
  及和其他父母親在公開場合中有互動。

註解

❶「早產兒」 (premature babies) 、「出生體重過重過輕的嬰兒」 (low birth-weight babies) ，以及「生產期太小的嬰兒」 (small for gestational age babies) 都是醫學名詞。不論嬰兒是多麼健康或多大，任何三十八週前出生的嬰兒都是「早產」；任何嬰兒重量低於二千五百公克 (五磅七盎斯) ，就屬於出生體重過輕的類別；任何新生兒子宮內的生長比率低於百分之十，就被認爲是生產期太小的嬰兒 (Gasser, 1981: 143-144) 。

參考文獻

ABRAMS, P. (1982) Historical Sociology. Ithaca, NY: Cornell University Press.

ALTMAN, J., A. K. DANIELS, H. E. GROSS, M. McCLINTOCK, A. ROSSI, and N. SCHWARTZ (1984) "A review panel of Alice S. Rossi's American Sociological Association 1983 presidential address: 'Gender and parenthood.'" Sponsored by Chicago Women in Research and Chicago Sociologists for Women in Society. Panel discussion, University of Illinois at Chicago, January 14.

American Baby: For Expectant and New Parents (1979) Special issue about fathers. Vol. 41 (June). Sponsored by the American Association for Maternal and Child Health.

ANONYMOUS (1820) Remarks on the Employment of Females as Practitioners in Midwifery. Boston.

ANONYMOUS, MD (1972) Confessions of a Gynecologist. Garden City, NY: Doubleday.

ARIES, P. (1962) Centuries of Childhood: A Social History of Family Life. New York: Knopf.

Atlanta Journal (1981) "Soldier admits guilt in death of infant." December 16: 4C.

BACHOFEN, J. J. (1967) Myth, Religion, and Mother Right. Princeton, NJ: Princeton University Press.

BADINTER, E. (1980) Mother Love: Myth and Reality. New York: Macmillan.

BAKER, C. (1977) Am I Parent Material? Washington, DC: National Alliance for Optional Parenthood.

BARASH, D. P. (1977) Sociobiology and Behavior. New York: Elsevier.

BARRIE, J. M. (1904) Peter Pan: Or the Boy Who Would Not Grow Up. New York: Avon.

BARTLETT, J. (1968) Familiar Quotations (E. M. Beck, ed.). Boston: Little, Brown.

BECK, M. with D. WEATHERS, J. McCORMICK, D. T. FRIENDLY, P. ABRAMSON, and M. BRUNO (1985) "America's abortion dilemma." Newsweek (January 14): 20-25.

BECKMAN, L. J. (1982) "Measuring the process of fertility decision-making," pp. 73-95 in G. L. Fox (ed.) The Childbearing Decision: Fertility Attitudes and Behavior. Beverly Hills, CA: Sage.

BEHRMAN, D. L. (1982) Family and/or Career: Plans of First-Time Mothers. Ann Arbor, MI: UMI Research Press.

BELL, R. Q. and L. V. HARPER (1977) Child Effects on Adults. Hillsdale, NJ: Erlbaum.

BELSKY, J. and M. ROVINE (1984) "Social-network contact, family support, and the transition to parenthood." Journal of Marriage and the Family 46 (May): 455-462.

BELSKY, J., G. B. SPANIER, and M. ROVINE (1983) "Stability and change in marriage across the transition to parenthood." Journal of Marriage and the Family 45 (August): 567-577.

BERGER, P. L. and B. BERGER (1972) Sociology: A Biographical Approach. New York: Basic Books.

BERGER, P. L. and T. LUCKMANN (1966) The Social Construction of Reality: A Treatise in the Sociology of Knowledge. Garden City, NY: Doubleday/Anchor.

BERMAN, P. W. (1980) "Are women more responsive than men to the young? a review of developmental and situational variables." Psychological Bulletin 88 (November): 668-695.

BIRCH, W. G. (1982) A Doctor Discusses Pregnancy. Chicago: Budlong Press.

BLUMER, H. (1939) An Appraisal of Thomas and Znaniecki's "The Polish Peasant in Europe and America." New York: Social Science Research Council.

BOGDAN, R., M. A. BROWN, and S. B. FOSTER (1982) "Be honest but not cruel: staff/parent communication on a neonatal unit." Human Organization 41 (Spring): 6-16.

BOMBARDIERI, M. (1981) The Baby Decision: How to Make the Most Important Choice of Your Life. New York: Rawson Associates.

BORSTELMANN, L. J. (1983) "Children before psychology: ideas about children from antiquity to the late 1800s," pp. 1-40 in P. H. Mussen (ed.) Handbook of Child Psychology, Vol. I: History, Theory, and Methods. New York: John Wiley.

Boston Women's Health Book Collective (1978) Ourselves and Our Children: A Book By and For Parents. New York: Random House.

BREEN, D. (1975) The Birth of a First Child: Toward an Understanding of Femininity. London: Tavistock.

BRODERICK, C. E. (1975) "Foreword," in L. Gross (ed.) Sexual Issues in Marriage. New York: Spectrum.

BURCHELL, R. C. (1981) "Cesarean section," pp. 1533-1562 in L. Iffy and H. A. Kaminetzky (eds.) Principles and Practices of Obstetrics and Perinatology, Vol. 2. New York: John Wiley.

CALHOUN, L. G., J. W. SELBY, and H. E. KING (1981) "The influence of pregnancy on sexuality: a review of current evidence." Journal of Sex Research 17 (May): 139-151.

CHERLIN, A. J. (1981) Marriage, Divorce, Remarriage. Cambridge, MA: Harvard

University Press.

CHODOROW, N. (1978) The Reproduction of Mothering: Psychoanalysis and the Sociology of Gender. Berkeley: University of California Press.

———(1981) "On The Reproduction of Mothering: a methodological debate." Signs: Journal of Women in Culture and Society 6 (Spring): 500-514.

CHRISTENSEN, H. T. (1968) "Children in the family: relationship of number and spacing marital success." Journal of Marriage and the Family 30 (May): 283-289.

DALLY, A. (1982) Inventing Motherhood: The Consequences of an Ideal. New York: Schocken.

DARLING, R. B. (1979) Families Against Society: A Study of Reactions to Children with Birth Defects. Beverly Hills, CA: Sage.

DAVID, H. P. (1981) "Abortion policies," pp. 1-40 in J. E. Hodgson (ed.) Abortion and Sterilization: Medical and Social Aspects. London: Academic Press.

DEMOS, J. (1970) A Little Commonwealth: Family Life in the Plymouth Colony. New York: Oxford University Press.

DICK-READ, G. (1944) Childbirth Without Fear: The Principles and Practice of Natural Childbirth. New York: Harper & Row.

DINER, H. (1981) "The couvade," pp. 86-90 in D. Meltzer (ed.) Birth: An Anthology of Ancient Texts, Songs, Prayers, and Stories. San Francisco: North Point Press.

ECCLES, A. (1982) Obstetrics and Gynecology in Tudor and Stuart England. Kent, OH: Kent State University Press.

EHRENSAFT, D. (1983) "When women and men mother," pp. 41-61 in J. Trebilcot (ed.) Mothering: Essays in Feminist Theory. Totowa, NJ: Rowan & Allanheld.

———(1985) "Dual parenting and the duel of intimacy," pp. 323-327 in G. Handel (ed.) The Psychosocial Interior of the Family. Hawthorne, NY: Aldine.

ENTWISLE, D. R. and S. G. DOERING (1981) The First Birth: A Family Turning Point. Baltimore: Johns Hopkins University Press.

ESHLEMAN, J. R. and B. G. CASHION (1985) Sociology: An Introduction. Boston: Little, Brown.

FEATHERSTONE, H. (1980) A Difference in the Family: Living with a Disabled Child. New York: Basic Books.

FELDMAN, G. B. and J. A. FREIMAN (1985) "Prophylactic cesarean section at term?" New England Journal of Medicine 312 (May 9): 1264-1267.

FINDLAY, S. (1985) "At-home births: no extra risks." USA Today (March 15): ID.

FISCHER, L. R. (1981) "Transitions in the mother-daughter relationship." Journal of Marriage and the Family 43 (August): 613-622.

FORREST, D. and S. K. HENSHAW (1983) "What U.S. women think and do about contraception." Family Planning Perspectives 15 (August): 157-166.

FOX, V. C. and M. H. QUITT (1980) Loving, Parenting, and Dying. New York: Psychohistory Press.

GASSER, R. F. (1981) "Embryology and fetology," pp. 127-180 in L. Iffy and H. A.

Kaminetzky (eds.) Principles and Practice of Obstetrics and Perinatology, Vol. I. New York: John Wiley.

GELLES, R. J. (1975) "Violence and pregnancy: a note of the extent of the problem and needed services." Family Coordinator 24 (January): 81-86.

———and C. P. CORNELL (1985) Intimate Violence in Families. Beverly Hills, CA: Sage.

GILES-SIMS, J. (1983) Wife Battering: A Systems Theory Approach. New York: Guilford Press.

GLADIEUX, J. D. (1978) "Pregnancy—the transition to parenthood," pp. 275-295 in W. B. Miller and L. F. Newman (eds.) The First Child and Family Formation. Chapel Hill: University of North Carolina Press.

GOODE, W. J. (1971) "Force and violence in the family." Journal of Marriage and the Family 33 (November): 624-636.

GOSHEN-GOTTSTEIN, E. R. (1966) Marriage and First Pregnancy: Cultural Influences on Attitudes of Israeli Women. London: Tavistock.

GRAHAM, H. (1976) "The social image of pregnancy: pregnancy as spirit possession." Sociological Review 24 (May): 291-308.

GREER, G. (1984) Sex and Destiny: The Politics of Human Fertility. New York: Harper & Row.

GROSS, H. E. (1984) "Response to Alice Rossi's 'Gender and Parenting.'" Sponsored by Chicago Women in Research and Chicago Sociologists for Women in Society. Panel presentation held at the University of Illinois at Chicago, January 14.

———J. BERNARD, A. J. DAN, N. GLAZER, J. LORBER, M. McCLINTOCK, N. NEWTON, and A. ROSSI (1979) "Considering 'a biosocial perspective on parenting." Signs 4 (Summer): 695-717.

GROSSMAN, F. K., L. S. EICHLER, and S. A. WINICKOFF (1980) Pregnancy, Birth, and Parenthood. San Francisco: Jossey-Bass.

GUSTATIS, R. (1982) "Children sit idle while parents pursue leisure." Atlanta Journal and Constitution (August 15): ID, 4D.

HANFORD, J. M. (1968) "Pregnancy as a state of conflict." Psychological Reports 22 (June): 1313-1342.

HARRIMAN, L. C. (1983) "Personal and marital changes accompanying parenthood." Family Relations 32 (July): 387-394.

HAWKE, S. and D. KNOX (1977) One Child By Choice. Englewood Cliffs, NJ: Prentice-Hall.

HENSHAW, S. K. and K. O'REILLY (1983) "Characteristics of abortion patients in the United States, 1979 and 1980." Family Planning Perspectives 15 (January/February): 5-16.

HENSLIN, J. (1985) Marriage and Family in a Changing Society. New York: Free Press.

HIMES, N. E. (1970) Medical History of Contraception. New York: Schocken.

HINDS, M. W., G. H. BERGEISEN, and D. T. ALLEN (1985) "Neonatal outcome in planned vs. unplanned out-of-hospital births in Kentucky." Journal of the American

Medical Association 235 (March 15): 1578-1582.

HOBBS, D. F. (1965) "Parenthood as crisis: a third study." Journal of Marriage and the Family 27 (August): 367-372.

HOBBS, D. F., Jr. and J. M. WIMBISH (1977) "Transition to parenthood by black couples." Journal of Marriage and the Family 39 (November): 677-689.

HOCK, E., M. T. GNEZDA, and S. L. McBRIDE (1984) "Mothers of infants: attitudes toward employment and motherhood following the birth of the first child." Journal of Marriage and the Family 46 (May): 425-431.

HODGSON, J. E. and R. WARD (1981) "The provision and organization of abortion and sterilization services in the United States," pp. 519-541 in J. E. Hodgson (ed.) Abortion and Sterilization: Medical and Social Aspects. London: Academic Press.

HOFFMAN, L. W. and J. D. MANIS (1978) "Influences of children on marital interaction and parental satisfactions and dissatisfactions," pp. 165-214 in R. M. Lerner and G. B. Spanier (eds.) Child Influences on Marital and Family Interaction: A Life-Span Perspective. New York: Academic Press.

HUANG, L. J. (1982) "Planned fertility of one-couple/one-child policy in the People's Republic of China." Journal of Marriage and the Family 44 (August): 775-784.

HUNTER, C. L. (1982) "Born with a cleft palate," pp. 123-127 in P. Evans (ed.) How a Baby Changed My Life. Wauwatosa, WI: American Baby Books.

JAFFE, S. S. and J. VIERTEL (1979) Becoming Parents: Preparing for the Emotional Changes of First-Time Parenthood. New York: Atheneum.

KATSH, B. S. (1981) "Fathers and infants: reported caregiving and interaction." Journal of Family Issues 2 (September): 275-296.

KAY, M. A. (1982) "Writing an ethnography of birth," pp. 1-24 in M. A. Kay (ed.) Anthropology of Human Birth. Philadelphia: F. A. Davis.

KEMPER, T. D. (1981) "Social constructionist and positivist approaches to the sociology of emotions." American Journal of Sociology 87 (September): 336-362.

KINMAN, T. (1982) "Raising a child with Down's syndrome," pp. 138-140 in P. Evans (ed.) How a Baby Changed My Life. Wauwatosa, WI: American Baby Books.

KIRKLAND, J. (1983) "Infant crying—problem that won't go away!" Parents' Centre Bulletin 96 (Summer): 15-17.

———F. DEANE, and M. BRENNAN (1983) "About CrySOS, a clinic for people with crying babies." Family Relations 32 (October): 537-543.

KITZINGER, S. (1978) Women as Mothers: How They See Themselves in Different Cultures. New York: Random House.

KLEIN, B. L. (1980) "Families of handicapped children: a personal account." Dimensions: Journal of the Southern Association of Children Under Six 9 (October): 55-58.

KOPP, M. E. (1934) Birth Control in Practice: Analysis of Ten Thousand Case Histories of the Birth Control Research Bureau. New York: McBride.

KOVIT, L. (1972) "Labor is hard work: notes on the social organization of childbirth." Sociological Symposium 8 (Spring): 11-21.

KRANNICH, R. S. (1980) "Abortion in the United States: past, present, and future trends." Family Relations 29 (July): 365-374.

LAMAZE, F. (1956) Painless Childbirth: Psychophrophylactic Method. New York: Harper & Row.

LANGWAY, L., with T. JACKSON, M. ZABARSKY, D. SHIRLEY, and J. WHITMORE (1983) "Bringing up superbaby." Newsweek (April): 62-68.

LaROSSA, R. (1977) Conflict and Power in Marriage: Expecting the First Child. Beverly Hills, CA: Sage.

———(1978) "Negotiating a sexual reality during pregnancy: language and marital politics." Presented at the annual meeting of the Southern Sociological Society, New Orleans (April).

———(1979) "Sex during pregnancy: a symbolic interactionist analysis." Journal of Sex Research 15 (May): 119-128.

———(1983) "The transition to parenthood and the social reality of time." Journal of Marriage and the Family 45 (August): 579-589.

———and M. MULLIGAN LaROSSA (1981) Transition to Parenthood: How Infants Change Families. Beverly Hills, CA: Sage.

LEDERMAN, R. P. (1984) Psychosocial Adaptation in Pregnancy: Assessment of Seven Dimension of Maternal Development. Englewood Cliffs, NJ: Prentice-Hall.

LEIFER, M. (1980) Psychological Effects of Motherhood: A Study of First Pregnancy. New York: Praeger.

LEO, J. and B. KALB (1985) "Bringing Dr. Spock up-to-date: the famed best seller appears in its fifth version." Time (April 8).

LIGHT, S. (1985) "Female infanticide in China." Response to the Victimization of Women: Journal of the Center for Women Policy Studies 8 (Spring): 5-6.

LORBER, J., R. L. COSER, A. S. ROSSI, and N. CHODOROW (1981) "On The Reproduction of Mothering: a methodological debate." Signs: Journal of Women in Culture and Society 6 (Spring): 482-514.

LUCAS, R. and L. I. MILLER (1981) "Evolution of abortion law in North America," pp. 75-120 in J. E. Hodgson (ed.) Abortion and Sterilization: Medical and Social Aspects. London: Academic Press.

LUKER, K. (1984) Abortion and the Politics of Motherhood. Berkeley: University of California Press.

McBRIDE, A. (1982) "The American way of birth," pp. 413-429 in M. A. Kay (ed.) Anthropology of Human Birth. Philadelphia: F. A. Davis.

McCALL, R. M. (1979) Infants. Cambridge, MA: Harvard University Press.

McCAULEY, C. S. (1976) Pregnancy After 35. New York: Dutton.

McCORKEL, R. J. (1964) "Husbands and pregnancy: an exploratory study." M.A. thesis, University of North Carolina.

McWHIRTER, N. (1984) Guinness Book of World Records. New York: Bantam Books.

MELVILLE, K. (1983) Marriage and Family Today. New York: Random House.

MILINAIRE, C. (1971) Birth: Facts and Legends. New York: Crown.

MILLER, M. A. and D. A. BROOTEN (1983) The Childbearing Family: A Nursing Perspective. Boston: Little, Brown.

MILLER, R. S. (1978) "The social construction and reconstruction of physiological events: acquiring the pregnancy identity." Studies in Symbolic Interaction 1: 181-204.

MILLS, C. W. (1959) The Sociological Imagination. London: Oxford University Press.

MOSHER, W. D. and C. A. BACHRACH (1982) "Childlessness in the United States: estimates from the national survey of family growth." Journal of Family Issues 3 (December): 517-543.

MYLES, M. F. (1971) A Textbook for Midwives. Baltimore: Williams & Wilkins.

NASH, A. and J. E. NASH (1979) "Conflicting interpretations of childbirth: the medical and natural perspectives." Urban Life 7 (January): 493-512.

National Center for Health Statistics (1985) "Births, marriages, divorces, and deaths for April 1985." Monthly Vital Statistics Report (DHHS Pub. 85-1120) 34 (July 19): 1-12.

NIHELL, E. (1760) A Treatise on the Art of Midwifery: Setting Forth Various Abuses Therein, Especially as to the Practice with Instruments. London.

OAKLEY, A. (1980). Becoming a Mother. New York: Schocken.

O'CONNELL, M. and C. C. ROGERS (1982) "Differential fertility in the United States: 1976-1980." Family Planning Perspectives 14 (September/October): 281-286.

O'DONNELL, L. (1982) "The social worlds of parents." Marriage and Family Review 5 (Winter): 9-36.

OLSON, L. (1983) Costs of Children. Lexington, MA: D. C. Heath.

ORY, H. W., J. D. FORREST, and R. LINCOLN (1983) Making Choices: Evaluating the Health Risks and Benefits of Birth Control Methods. New York: Alan Guttmacher Institute.

Oxford English Dictionary (1970) London: Oxford University Press.

PARKE, R. D. (1981) Fathers. Cambridge, MA: Harvard University Press.

PECK, E. (1971) The Baby Trap. New York: Pinnacle Books.

———(1977) The Joy of the Only Child. New York: Delacorte.

PEPPERS, L. G. and R. J. KNAPP (1980) Motherhood and Mourning: Perinatal Death. New York: Praeger.

PLECK, J. H. (1983) "Husbands' paid work and family roles: current research issues," pp. 251-333 in H. Lopata and J. H. Pleck (eds.) Research in the Interweave of Social Roles, Vol. 3: Families and Jobs. Greenwich, CT: JAI Press.

POLATNICK, M. (1973) "Why men don't rear children: a power analysis." Berkeley Journal of Sociology 18: 45-86.

PRITCHARD, J. A. (1984) Williams Obstetrics. New York: Appleton-Century-Crofts.

RAYNALDE, T. (1626) The Byrth of Mankind. London.

REDICAN, W. K. (1976) "Adult male-infant interactions in nonhuman primates," pp. 345-385 in M. E. Lamb (ed.) The Role of the Father in Child Development. New York: John Wiley.

REED, J. D. (1982) "The new baby boom." Time 119 (February): 52-58.

ROBERTS, F. B. and B. C. MILLER (1978) "Infant behavior effects on the transition to parenthood." Presented at the annual meeting of Theory Construction and Research Methodology Workshop of the National Council on Family Relations, October.

ROBERTSON, I. (1981) Sociology. New York: Worth.

RORVICK, D. M. and L. B. SHETTLES (1970) Your Baby's Sex: Now You Can Choose. New York: Dodd, Mead.

ROSENGREN, W. R. (1962) "The sick role during pregnancy." Journal of Health and Human Behavior 3 (Fall): 213-218.

ROSSI, A. S. (1968) "Transition to parenthood." Journal of Marriage and the Family 30 (February): 26-39.

———(1977) "A biosocial perspective on parenting." Daedalus 106 (Spring): 1-31.

———(1981) "On the reproduction of mothering: a methodological debate." Signs: Journal of Women in Culture and Society 6 (Spring): 492-500.

———(1984) "Gender and parenthood: American Sociological Association, 1983 presidential address." American Sociological Review 49 (February): 1-19.

ROTHMAN, B. K. (1982) In Labor: Women and Power in the Birthplace. New York: Norton.

ROUSSEAU, J. J. (1762) Emile. Paris: Pleide.

SCANZONI, J. (1979) "Social processes and power in families," pp. 295-316 in W. R. Burr et al. (eds.) Contemporary Theories About the Family, Vol. 1: Research-Based Theories. New York: Free Press.

SCANZONI, L. D. and J. SCANZONI (1981) Men, Women, and Change: A Sociology of Marriage and Family. New York: McGraw-Hill.

SCHUTZ, A. (1971) Collected Papers I: The Problems of Social Reality. The Hague: Martinus Nijhoff.

SCOTT, M. B. and S. M. LYMAN (1968) "Accounts." American Sociological Review 33 (February): 46-62.

SHEEHY, G. (1974) Passages: Predictable Crises of Adult Life. New York: Dutton.

SHERESHEFSKY, P. M. and L. Y. YARROW (1973) Psychological Aspects of a First Pregnancy and Early Postnatal Adaptation. New York: Raven Press.

SHORTER, E. (1975) The Making of the Modern Family. New York: Basic Books.

SKOLNICK, A. S. (1983) The Intimate Environment: Exploring Marriage and the Family. Boston: Little, Brown.

SOREL, N. C. (1984) Ever Since Eve: Personal Reflections on Childbirth. New York: Oxford University Press.

SOSNOWITZ, B. (1984) "Managing parents on neonatal intensive care units." Social Problems 31 (April): 390-402.

STAINTON, M. C. (1985) "The fetus: a growing member of the family." Family Relations 34 (July): 321-326.

STARR, P. (1982) The Social Transformation of American Medicine. New York: Basic

Books.

Statistical Abstracts of the United States (1976) Washington, DC: Government Printing Office.

————(1985) Washington, DC: Government Printing Office.

STOKES, R. and J. P. HEWITT (1976) "Aligning actions." American Sociological Review 41 (October): 838-849.

STORER, H. (1868) Criminal Abortion. Boston.

SWEET, J. A. (1982) "Work and fertility," pp. 197-218 in G. L. Fox (ed.) The Childbearing Decision: Fertility Attitudes and Behavior. Beverly Hills, CA: Sage.

TAYLOR, S. E. and E. J. LANGER (1977) "Pregnancy: a social stigma?" Sex Roles 3 (February): 27-35.

THIBAUT, J. W. and H. H. KELLEY (1959) The Social Psychology of Groups. New York: John Wiley.

THOMAS, A. and S. CHESS (1980) The Dynamics of Psychological Development. New York: Brunner/Mazel.

THORNTON, A. and D. FREEDMAN (1983) "The changing American family." Population Bulletin 38 (October).

THURMAN, J. (1982) "Breaking the mother-daughter code: an interview with Nancy Chodorow." Ms. 11 (September): 34-35, 36, 38, 138-139.

TIETZE, C. and S. LEWIT (1981) "Epidemiology of induced abortion," pp. 41-56 in J. E. Jodgson (ed.) Abortion and Sterilization: Medical and Social Aspects. London: Academic Press.

TOLSTOY, L. (1878) Anna Karenina. Available in several translations.

TREBILCOT, J. [ed.] (1983) Mothering: Essays in Feminist Theory. Totowa, NJ: Rowman & Allanheld.

U.S. Bureau of Labor Statistics (1981) Special Labor Force Reports. Washington, DC: Government Printing Office.

VEEVERS, J. E. (1973) "The social meanings of parenthood." Psychiatry 36 (August): 291-310.

————(1980) Childless by Choice. Toronto: Butterworths.

Vital Statistic Rates in the United States, 1940-1960 (1968) Washington, DC: Government Printing Office.

WAITE, L. J., G. W. HAGGSTROM, and D. E. KANOUSE (1985) "Changes in the employment activities of new parents." American Sociological Review 50 (April): 263-272.

WARSHAW, R. (1984) "The American way of birth." Ms. 13 (September): 45-50, 130.

WEBER, M. (1947) The Theory of Social and Economic Organization (T. Parsons, ed.). New York: Oxford University Press.

Webster's New Collegiate Dictionary (1977) Springfield, MA: G. & C. Merriam.

WERTZ, R. W. and D. C. WERTZ (1977) Lying In: A History of Childbirth in America. New York: Schocken.

WETROGAN, S. I. (1983) "Provisional projections of the population of states, by age and sex: 1980 to 2000." Current Population Reports, Series P-25, 937 (August 1983).

WHELAN, E. M. (1975) A Baby?. . . Maybe: A Guide to Making the Most Fateful Decision of Your Life. New York: Bobbs-Merrill.

———(1978) The Pregnancy Experience: The Psychology of Expectant Parenthood. New York: Norton.

WILKIE, J. R. (1981) "The trend toward delayed parenthood." Journal of Marriage and the Family 43 (August): 583-591.

ZERUBAVEL, E. (1979) Patterns of Time in Hospital Life: A Sociological Perspective. Chicago: University of Chicago Press.

———(1981) Hidden Rhythms: Schedules and Calendars in Social Life. Chicago: University of Chicago Press.

致謝感言

　　我想對下列鼓勵及幫助我完成此書的人表達我的謝意：Alexa Albert，Ann Clark，Shirley Frady，Richard Gelles，Toshi Kii，Carol Lavender，Kristin Marsh，Marcia Robinson，Donald Reitzes，Sheryl Silfen，Janie Wolf，以及最後也是最重要的，Maureen Mulligan LaRossa，她的愛及諒解而使這世界變得與衆不同。

關於作者

　　Ralph LaRossa發展出對生產率、懷孕、誕生，和嬰兒照顧的社會學的興趣，當他發現研究很快成為父母之前或之後的夫婦，他就可以觀察家庭的過程——而一般來說這些都是超越研究人員的觀點，他個人對這些主題的興趣是隨著他的兒子們——Brian及Adam的誕生而引起火光。他是一位聖彼得學院——社會研究的新學校，以及新罕布夏大學裡的畢業生，目前身為位於亞特蘭大州立喬治亞大學社會學的副教授。他先前所出的書包括《婚姻中的衝突和權力》、《期待第一個孩子，過渡為父母親身分》、《嬰兒是如何影響家庭》（Maureen、Muligan、LaRossa合著），以及《家庭案例研究：一個社會學的觀點》。

成為父母　　　　　　　　　　　　　　家庭叢書 05

著　　　者／ Ralph LaRossa
主　　　編／ 郭靜晃
譯　　　者／ 張惠芬
出　　　版／ 揚智文化事業股份有限公司
發 行 人／ 林新倫
副總編輯／ 葉忠賢
責任編輯／ 賴筱彌
執行編輯／ 韓桂蘭
登 記 證／ 局版臺業字第 1117 號
地　　　址／ 台北市新生南路 3 段 88 號 5 樓之 6
電　　　話／ (02)366-0309　366-0313
傳　　　真／ 886-2-3660310
郵政劃撥／ 14534976
印　　　刷／ 偉勵彩色印刷股份有限公司
法律顧問／ 北辰著作權事務所　蕭雄淋律師
初版一刷／ 1998 年 1 月
ＩＳＢＮ　／ 957-8446-40-3
定　　　價／ 新台幣 150 元

國家圖書館出版品預行編目資料

成為父母 / 　Ralph LaRossa 著；張惠芬譯.
--- 初版. --- 臺北市：揚智文化， 1997
[民 86] 面；公分. --- (家庭叢書 ; 5)
　　　參考書目：面
　　　譯自： Becoming a parent
　　　ISBN　957-8446-40-3 (平裝)

　1. 父母與子女

544.14　　　　　　　　　　　　　86011078

家 庭 叢 書 系 列

FAMILY STUDIES TEXT SERIES

　　家庭爲孕育人類生存與發展的園地，亦是教育與養護兒童最關鍵的環境。本叢書主編文化大學兒福系系主任郭靜晃教授有鑑於近年來台灣地區社會變遷十分快速，爲因應社會與家庭在結構層面、功能、內涵上所衍生的巨幅變遷，特延攬知名專家學者翻譯此套叢書。其內容廣泛，包括：家庭理論架構設計，家庭研究方法，家庭歷史，泛文化家庭比較，生命週期分析以及近年來之熱門話題，諸如：離婚與再婚，家庭暴力，老年家庭，青少年性行爲，如何成爲父母等，提供給讀者參考及研究用。

⊙ 家庭研究方法　定價:150元
　 譯者／郭靜晃・徐蓮蔭

⊙ 步入婚姻之道　定價:200元
　 譯者／張惠芬

⊙ 家庭暴力　定價:200元
　 譯者／劉秀娟

⊙ 老年家庭　定價:150元
　 譯者／劉秀娟

⊙ 成為父母　定價:150元
　 譯者／張惠芬

⊙ 離婚　定價:200元
　 譯者／徐蓮蔭

⊙ 再婚
　 譯者／蔡貴美

⊙ 家庭變遷
　 譯者／柯樹馨

⊙ 工作與家庭
　 譯者／郭妙雪・張惠芬

⊙ 家庭與健康
　 譯者／張惠芬

※ 家 庭 暴 力 ※
Intimate Violence in Families

　　家庭是孕育人類生存與發展的溫床,然而家庭暴力卻使家庭角色一變而為煉獄。暴力迷思不但助長了暴力的習慣與對暴力行為的合理化,同時也加深了受虐者的傷害程度;本書最大的特色,是作者透過學理的角度來分析一般人對暴力的不當詮釋與看法,並引證真實的案例與實徵研究來澄清暴力的內涵,進而探究處遇與預防策略。因此,本書為有志研究者與實務工作者所必備的參考用書。

原著: Richard J. Gelles and
　　　Claire Pedrick Cornell
校譯:郭靜晃校閱　劉秀娟譯
ISBN ： 957-9272-68-9
定價:新台幣 200 元

※ 老年家庭 ※
Later Life Families

　　台灣地區 65 歲以上的老年人口占總人口比例已由民國八十二年的 7 ％提高到民國八十四年的 7.64 ％，由此可推估我國人口老化的趨勢正在加速成長中。因此，該如何加速政策的規劃，落實老人福利措施，善用老人的智慧和經驗，增進社區的發展和進步，實為我國當務之急。

　　本書作者以美國人的觀點從不同的角度探討老人與家庭的各種問題，並詳細說明撰寫動機以及發展沿革。除了對老年婚姻生活作橫切面的探討和對世代關係作縱切面的剖析外，更進一步研究老年人的發展趨勢以及科技文明帶給老年人的影響等前瞻問題，頗具參考價值。

原著：Timothy H.Brubaker
編譯：郭靜晃主編　劉秀娟譯
ISBN ： 957-8446-06-3
定價：新台幣 150 元

※ 離 婚 ※

Divorce

　　離婚乃是目前社會上一個相當重要而熱門的話題。本書內容首先介紹離婚在現今美國社會的狀況，說明離婚率的攀升是由於文化中多元因素所造成。

　　本書作者除根據實際狀況並綜合各社會學者對於離婚問題的研究結果，詳細地說明離婚過程中所可能面臨的情況與解決方式外，並針對離婚的過程、離婚必須面對的問題(小孩的監護權問題、離婚的經濟問題、離婚後的適應問題)及離婚法律的歷史演變等作深入的探討，亦讓讀者瞭解當婚姻問題發生時，可以從那些地方獲得協助。故此書實不失為一本既實際、實用、又具學術觀點的好書。

原著： Sharon J. Price and
　　　 Patrick C. McKenry
編譯：郭靜晃主編　徐蓮蔭譯
ISBN ： 957-9272-97-2
定價：新台幣 200 元